イノベーターシップ

KOICHIRO TOKUOKA
徳岡晃一郎

自分の限界を突破し、
未来を拓く5つの力

INNO-VATOR SHIP

東洋経済新報社

まえがき

私がマネジメントやリーダーシップを超える第三の力として「イノベーターシップ」というコンセプトを提唱し、前著『未来を構想し、現実を変えていく　イノベーターシップ』(東洋経済新報社）にまとめたのは２０１６年のことです。バブル崩壊以降20年以上続いていた日本の閉塞的な状況を打破していくために、私たち一人ひとりがどのような力を発揮していくべきなのか。これを私の師である野中郁次郎先生（一橋大学名誉教授）と徹底的に考える中で、このイノベーターシップというコンセプトを形成してきたのです。

私のバックグラウンドは知識創造論（Knowledge Creation Theory）です。これは、野中先生が創始され、今やグローバルに有名になり実践されているイノベーション理論です。価値ある知の創造というイノベーションを起こして成功を収めた企業や経営者を研究し、どのように知識が発展していくのかを体系化するものです。この知識創造論を深めていくと、イノベーションを生み出すリーダーの力とは何かを突き詰めることになり、その中で結晶化されたのが「イノベーターシップ」というコンセプトなのです。この能力に注目して体系化してまとめたのが前著になります。

私が教授を務める多摩大学大学院ＭＢＡコースにおいても、このイノベーターシップを

ＭＢＡのコンセプトの中核として採用し、カリキュラム体系の基本に据えました。単なる経営学ではなく、イノベーションに焦点を当てたコースに革新したのです。私が創業したライフシフト社でも、さまざまな企業研修でイノベーターシップを提唱し、今までに優に５０００人以上の中堅のビジネスパーソンの方々にその考え方を学んでいただいています。これだけの人数の皆さんがイノベーターシップを熱心に学んでいるのは、日本の閉塞感を打破したいという熱い思いを持つビジネスパーソンが大勢いることの証左でもあると考えています。

日本社会の閉塞感をつくり出した原因は何だとお考えでしょうか。私は、組織内部における、いわゆる「成果主義」の人事制度が大きな要因だと考えています。そこから生まれた短期主義（1年単位でしか考えない）、形式主義（本質追求よりもわかりやすい目標を追いかける）、結果主義（持続可能な成長につながるプロセスよりも目の前の結果が重要）といった態度が企業内で閉塞感を生み出し、それが日本社会、経済全体の閉塞感につながってきていると考えます。

成果主義が前提の人事制度の下では、本質的な成長は脇に置いて、とりあえず１年の目標を設定し、１年でやれる結果を出しておこう、結果さえ残しておけばプロセスは重要視する必要はない……という思考・行動に陥ってしまいがちです。そこに働き方改革やダイバーシティ、透明性などといった流行の外形的な枠がはめられて、「野性」がどんどんと失われてきたのではないでしょうか。

企業や人事部は社員をこの成果主義の枠組みに押し込めようとしています。それに対抗していくために、つまり、この閉塞感から抜け出し明るい未来を実現するために、個人として何をしていくべきなのでしょうか？　今まさにこのことを真剣に考える必要があるでしょう。

「明るい未来を構想できなければ、明るい未来はやってきません」。これはイギリスの元首相であるマーガレット・サッチャーの言葉です。私がオックスフォード大学に留学していた１９８０年代半ば、イギリスではサッチャー政権の全盛期で、どん底のイギリス経済を立て直すべく、自由化に舵を切り奮闘していました。炭鉱労組のストや暴動なども多かったですが、決して後戻りせず未来を切り拓いていくのを目の当たりにしました。

閉塞感を打ち破り、明るい未来を手にするためには、まず、未来を構想する必要があります。明るい未来を構想するとは、80年代よりもさらに混とんとした今の時代でいえば、世界中のより多くの知を集めて持続可能な世界を描き出す総合力のことでしょう。

経営学の世界では、ビジョナリーカンパニー、データドリブン経営、バックキャスティング、シナリオプランニングといった、未来を構想していくための重要なコンセプトが出てきています。米国企業などはこういった考え方をどんどん取り入れて変革を続けています。しかし残念ながら、日本にはなかなかそれらが根付いていきません。コンセプトを説明した本だけ読んで「なるほど、こういう考え方なのか」と納得して、そこで終わってしまっていないでしょうか。軋轢を恐れ、周りに気を遣いすぎて今までのやり方を変えようとせず、新しい考え方を正面から取り入れてはいないようです。

さらに、日本人にはこういった考え方を自分のできる範囲の目標設定に換骨奪胎し矮小化してしまう傾向もあります。目の前にある「できること」に翻訳し直し、改革ではなく改善で満足してしまうのです。その原因となるのが先ほど取り上げた、短期主義、形式主義、結果主義であるともいえます。

私は、新しい未来を描き出すためには「四方よし」の精神が必要だと提唱しています。近江商人の「三方よし」、つまり「売り手（自分）よし」「買い手（顧客）よし」「世間よし」では、現在だけにフォーカスし、今に最適化することになります。変化の激しい今の時代には、この3つに加えて「未来よし」という観点が必要でしょう。

これからの時代を背負っていくリーダーたちには、未来をより良くしていく力やこれからの時代を描き出せる力が必要です。持続可能な未来の世界を描き出し、大きな目的を掲げて、そこに向かっていくための目標を実践知プロセスで設定し、敢然と立ち向かう……。そういうリーダーがいてこそ、日本の社会全体が閉塞感から抜け出すことができるのです。**今の時代に求められるリーダーは、単に既存のビジネスモデルを踏襲し業績を伸ばすのではなく、大きな目的を考え、ビジネスモデルや組織の変革を通じて新しい知を創造し、世の中の閉塞感を打破するようなビジネスに結び付ける存在であるべきです。**小成に安んじずに大胆に未来を構想しチャレンジしてほしいのです。

前著『未来を構想し、現実を変えていく　イノベーターシップ』を上梓してから大きく変わったことが1つあります。前著の刊行の半年ほど後に、リンダ・グラットンらの『ＬＩＦＥ

SHIFT（ライフ・シフト）――100年時代の人生戦略』（東洋経済新報社）が出版され、ベストセラーにもなり、「人生100年時代」という認識が広まりました。

人生100年時代には私たちは、少なくとも80歳までは現役で活躍することになります。そうなると、もうすぐ「あがり」だと考えていたミドルやシニアの方々もキャリア戦略を考え直さざるを得ません。**自分自身のライフやキャリアに対してもイノベーターシップを発揮することが必要になってきたのです。****ライフイノベーションであり、キャリアイノベーションなくして、VUCAの時代の中で人生100年を過ごすことは困難になってきたのです。**

そして、ますます増えてくる高齢者が、豊富な経験や知恵を活かして積極果敢に日本の未来を創造していく側に回れば、より良い未来を描く戦力がどんどん増えてきます。こうした自分自身のライフイノベーションの観点も織り込みながら、イノベーターシップの第2弾となる本著では、自分の限界をどのように突破していくのか、そのために必要なイノベーターシップをどのように身につけていくのかについて掘り下げて考えていきます。

本著では、これまで提唱してきたイノベーターシップ人材の5つの力、すなわち「未来構想力」「実践知」「突破力」「パイ（π）型ベース」「場づくり力」をさらに踏み固めつつ、日本を代表するイノベーターとの対談を通して、この5つの力の実例と学び方を紹介します。人生100年という新たな時代の文脈の中で、自らを、自社を、自業界を、そして日本を変え、世界を変えるイノベーターの視点と覚悟を感じとってください。

5つの力の代表として、本著では次の方々にご登場いただきます。
未来構想力では、旭酒造会長　桜井博志氏
実践知では、トレンドマイクロCFO兼副社長　マヘンドラ・ネギ氏
突破力では、元コーセー取締役　荒金久美氏
パイ（π）型ベースでは、メンタリスト　DaiGo氏
場づくり力では、Avintonジャパン代表取締役CEO　中瀬幸子氏
前著でもご登場いただいた旭酒造会長の桜井博志さんにはその後の発展を踏まえ、本著では「未来構想力」をキーワードに「その後のストーリー」を語っていただきました。

本著で取り上げているイノベーターたちのストーリーが示しているのは、持続可能な未来の世界のリーダーにはそれぞれのビジョンに対する**熱い思い**と、描き出した未来を何とかして実現していく**実践知**が求められる、ということです。世界を切り拓いていこうとする意欲とスキルと行動力を持った人材が日本にはたくさん存在していると信じています。本著を通して、読者の皆さんそれぞれの自己の限界を破り、ポテンシャルを開花させていただきたいと思います。イノベーターシップを身につけたリーダーを1人でも多く世に送り出していければ幸いです。

2024年8月　　　　徳岡晃一郎

イノベーターシップ——自分の限界を突破し、未来を拓く5つの力　目次

まえがき　1

序章　イノベーターシップ人材が求められている　17

1　人生100年時代の不安　18

●VUCAの時代に寿命だけ延びる皮肉　19
●未来は所与のものではなく、創り出すもの　23

2　「青銀共創」が未来に向けた価値創造のカギ　25

●「自分のため」が「世のため」につながる人生戦略　27
●越境体験を通してイノベーションを　28
Column　浅井農園：脱・家族経営で研究開発型の農業カンパニーを目指す　29
Column　環境大善：牛の尿のアップサイクルを通じた循環型ビジネスを創出　31

3　「自分が」「今」変化を起こす　33

●生涯現役時代にこそ身につけたいイノベーターシップ　35

●ライフイノベーションで自分の限界を突破する極意 39
●イノベーターシップ人材の5つの力を鍛える 44

第1章
未来構想力——「ありたい未来の姿」を描き出す 45

1 未来構想力とは何か 46
●未来の共通善「真・善・美」を追求する 46
●「未来への思い」でモードを切り替える 48
①大きなトレンドを見据える時代認識 49
②社会課題をビジネスチャンスに変える心意気 49
③明るい未来を描くイマジネーション 50

2 未来構想力を習得するトレーニング 51
●未来構想力を習得する基本トレーニング 52
①問題キャッチのセンサーを磨く「問題意識リスト」 52
②垂直統合の思考法 53
③自分の立ち位置を明確にする「グローバルウィズダムチャート」 53
●未来構想力を進化させる上級トレーニング 54
①大きなトレンドを見据える 55

②将来の皆の困りごとに関心を持つ　57
③明るい未来を描くイマジネーション　58
●大きなソリューション：Big Hairy Audacious Goal（BHAG）　61

3 イノベーターシップストーリーNo.1
「日本酒を世界の酒に」という未来を構想する……65
旭酒造会長　桜井博志
●「日本酒を世界の酒に」というビジョン　69
●「どういう世界を創るのか」　71
●農業の古い仕組みという社会課題へのアプローチ　73
●酒造りに手間をかける　75
●イノベーションが起きない理由　77
●経験や勘ではなく、データで検証　79

第2章 実践知――文脈に応じて最適な判断をしていく……85

1 実践知とは何か……86
●実践知に求められる知恵、姿勢、洞察力　89

●ルールやインセンティブにとらわれない 92
●中小企業に学ぶ実践知 94
●実践知を獲得するプロセス 95

2

実践知を習得するトレーニング 97

●実践知を習得する基本トレーニング 97
①実践知シミュレーション 97
②名言集に学ぶ 98
③SECI（セキ）キャリアモデルを活用する 98
●実践知を進化させる上級トレーニング 101
①マイロールモデルを持ち体当たりする 102
②実践知のポートフォリオを増やす 105
③自分の実践知からくる判断基準を言語化する 109

3

イノベーターシップストーリーNo.2

実践知を発揮して「修羅場」を乗り越える 111

トレンドマイクロCFO（最高財務責任者）兼副社長
マヘンドラ・ネギ

●何のためのルールなのか 115
●コアバリューを現場での行動に落とし込む 120
●ダイバーシティと価値観の共有 121
●実践知とイノベーションの関係 123

●Whatではなく、Whyを考えてもらう 125

第3章 突破力——しがらみを打破する 131

1 突破力とは何か 132

2 突破力を習得するトレーニング 136

●突破力を習得する基本トレーニング 136
①目的志向 136
②シャドーワーク 137
③ロールモデリング 137
●突破力を進化させる上級トレーニング 138
①マイミッション、マイビジョン、マイバリュー 138
②抵抗勢力を抑えるチェンジマネジメント 142
③相手の内発的動機をくすぐる 146

3 イノベーターシップストーリーNo.3
突破力で業界初の美容液を開発、「お化け商品」に育てる……149
元コーセー・マーケティング本部副本部長兼商品開発部長、研究所長
荒金久美
●「突破すべき難局」が3つあった 152
●「自分の思い」という主観を磨く 155
●「モイスチュア スキンリペア」が大ヒット 157
●「オーラ」のある人材になれるか 163

第4章 パイ（π）型ベース——知見の深さと広さを併せ持つ

……169
1 パイ（π）型ベースとは何か……170
●複数の専門性と幅広い教養を兼ね備える 170
●複数の専門性＝πの二本の足 171
●幅広い教養＝πの横棒 173
2 パイ（π）型ベースを習得するトレーニング……175

●パイ（π）型ベースを習得する基本トレーニング　175
①1万時間のトレーニングで軸を作る　176
②問題意識ワークシートを作成する　177
③読書と書評ライティングで理解を深める　178
④7つの知性を駆使して知を体系化する　178
⑤幅広い体験で高質な判断力を身につける　179
●パイ（π）型ベースを進化させる上級トレーニング　179
①越境学習・越境体験をする　180
②4S「シナリオ、スピード、サイエンス、セキュリティ」で時代認識を磨く　184
③主観を磨く　186

3

イノベーターシップストーリーNo.4

「人と違うことをやりたいから」パイ（π）の足が増える

……190

メンタリスト
DaiGo

●人と違うことを人と違うやり方でやりたい　193
●答えを探すのではなく、問題を探す　196
●常識の背景の本質を見極める　198
●きっかけはSFです！　201
●ミドル・シニア層に伝えたいこと　204

●新しいことへの挑戦は究極のアンチエイジング 207

第5章
場づくり力——人々をつなぐ共創のハブとなる 213

1 場づくり力とは何か 214
●表面的ではなく、真に信頼できる関係を構築する 216
●立場ではなく、人としての思いに軸足を置く 218
●立場を守るのではなく、領空侵犯を歓迎する 221

2 場づくり力を習得するトレーニング 226
●場づくり力を習得する基本トレーニング 226
①発信力を高める 226
②質問力を身につける 227
③対話力を高める 228
●場づくり力を進化させる上級トレーニング 228
①共感力：支援型リーダーシップを身につける 228
②共感力：1on1で距離を縮める 232
③「自分のコンテンツ」をつくり上げる 233

3 イノベーターシップストーリーNo.5
「場づくり」の力でAI活用のソリューションを提供する 237
Avintonジャパン代表取締役CEO 中瀬幸子
●営業戦略の核は「売る」よりも「関係を築く」こと 241
●会社をコミュニティとして捉える 243
●SNSのフォロワーは2万人 246
●「つぶつぶ族」になってはいけない 248
●シニアな社員がフォローしてくれる 251

終章 日本の未来を創る 255
1 マネジメント、リーダーシップからイノベーターシップへ 256
●30年後のありたい姿を考える：ニトリの自己申告制度 258
●イノベーターシップの5つの力：千本倖生氏の生き方 259
①未来構想力：共通善の追求 259

②実践知：行動主義 260
③突破力：既存の枠組みをも破壊 260
④パイ（π）型ベース：米国の観察 261
⑤場づくり力：出会いを追求 261

2 イノベーターシップを育む企業カルチャーをつくる 263
●ライフイノベーションの基礎体力となる「変身資産」 266
●グッド・アンセスター（良き祖先）になろう 269

付録 イノベーターシップの要諦：チェックリスト 272
参考文献 278

序章

イノベーターシップ人材が求められている

INTRODUCTION

1　人生 100 年時代の不安
2　「青銀共創」が未来に向けた価値創造のカギ
3　「自分が」「今」変化を起こす

1 人生100年時代の不安

人生100年時代が当たり前のこととして受け止められるようになっていますが、皮肉なことに、長生き＝長寿ではなくなり、むしろ長生き＝不安のほうが強いのかもしれない時代になっていないでしょうか。

この不安は、先を見通せない環境の中で「長い期間、生きざるを得ない」ことから来ています。

残念ながら日本において経済は長期にわたって低迷から脱することができず、それを変えていこうにもイノベーションは低空飛行のままです。企業に目を向けると、しぶとい年功序列やなかなか改善されない賃金水準、進まないダイバーシティなどが閉塞感を生み出しています。そんな中ではリスクをとって何かしよう、そして大きく羽ばたこうという「野性」のエネルギーもハングリー精神も生まれず、挑戦しようという意欲はそがれ、次第に身の回りのいわゆる半径5メートルの世界で満足するようになってしまいます。

少子・高齢化という社会構造の変化を受けて、人手不足は解消せず、地方は疲弊しています。さらに、世界に比べて日本のデジタル化が周回遅れである一方で、過去の高度経済成長を支えてきたモノづくりの強みは失われ、さまざまな企業の不正が後を絶ちません。

国際的な観点から日本の立場を見ても、経済安全保障、地政学リスク、防衛力といった点で不安は尽きず、円安とも相まって日本の国際的な地位の低下が目につきます。政治への信頼は失われたままですが、一方で、高度成長を引っ張ってきてくれた中央官庁の戦略性、地域行政の機動力と実行力も低迷しています。

社会保障をはじめ、食料安全保障やエネルギー安全保障、原発リスク、国土や生活インフラの補修の遅れ、防災対策など、私たちの日々の生活に直結する問題も手当てされていません。

不安材料は何も日本社会だけに限ったことではありません。

世界経済フォーラムでは毎年、「グローバルリスク意識調査」の結果をもとに「グローバルリスク報告書」を発行しています。その中では、昨今の「不気味なほど旧知でありながらまったく新たなリスク」として、「インフレ、生活費危機、貿易戦争、新興国市場からの資金流出、大規模な社会不安、地経学上の対立、核戦争の脅威など」が挙げられています。

このように、人生１００年時代の不安材料は挙げ出したらキリがないほどです。こうした不安な世の中で私たち一人ひとりの人生はどんどん長くなるのです。読者の皆さんはとくにどのような不安を実感されているでしょうか？　逆に、もし何も感じていなければとても危険なことと言わざるを得ません。

●ＶＵＣＡの時代に寿命だけ延びる皮肉

今はＶＵＣＡの時代だといわれています。社会はVolatility（変動）、Uncertainty（不確実性）、

Complexity（複雑性）、Ambiguity（曖昧性）に満ちており、目まぐるしく変転するだけでなく、今後の予測も極めて難しくなっています。皮肉なことに、このVUCAの時代にあって数少ない確かなことがあるとすれば、その一番は寿命が延びていくことなのです。

２０２４年に発表された前年の日本人の平均寿命は男性が81・09年、女性が87・14年です。さらに、２０２２年に死亡した人の中でもっとも多い年齢（最多死亡年齢）は、男性が88歳、女性が92歳です。女性の半分以上が90歳以上まで長生きすると言われ、現在１００歳を超える人は9万人もいます。

日本は長寿化が進む一方で少子化と人口減少も進んでいます。よって労働力人口の減少が止まりません。運転手不足でタクシーがつかまらない、バス路線が廃止された、というのはごくごく身近な問題ではないでしょうか。この状況を私は**「下りのエスカレーター」状態**といっています。国全体としてその流れに身を任せても事態は悪化するばかりです。少なくとも現在の生産年齢人口の減少分をいかに埋めるのか。高齢者が引退せずに埋めるのか、テクノロジーの飛躍的イノベーションで埋め合わせるのか、はたまた外国人労働者に頼るのか、何らかのアクションを起こすことを迫られているのです。

こういったさまざまな不安要素がある中では、高齢者本人にしてみれば、できるだけ今の会社にしがみつき、役職定年でも定年後再雇用でもなんでも、何とかとどまって給料をもらい続けることが一番安全な解決策かもしれません。しかし、その選択は第二の人生の扉の後ろ倒しでしかなく、65歳以降のチャンスは尻すぼみになります。多くて年２００万円強程度の日本の貧弱な年金制度を頼りにせざるを得なくなります。結局のところ新しいことに挑戦しようとする気概も生まれず、年を重ねるとともに自分の人生のオプションも減っていきます。さらに、選択肢が狭まることでリスクを取ってチャレンジすることも難しくなってしまうという悪循環が生まれます。その間に日本の劣化は進みます。

実際66歳を超えて働き続ける現実とはどのようなものでしょうか。高齢者でも歓迎される三大就職先は、工事現場などの誘導員、マンション管理人、タクシー運転手だといわれています。もちろんどれも大切な仕事ですが、ビジネスパーソンの皆さんの今までのキャリアを活かし、ベテランとして日本を停滞から救い出すイノベーションを支えていくという観点から見ると、もう少し違う道もあるのではないかと思います。

ところが多くの人は、いざ定年後の仕事を考える段になって、自分には選択肢がないということに気づきます。年功序列で会社にしがみついてきたキャリアの中で、学ばない癖がついており、学び続けてこなかったため、社外で通用する形でスキルも知識も蓄積・アップデートされていないのです。会社の仕事をこなすだけでは、外で使えるプロ力は身につきません。積極的かつ継続的にリスキリングをしてこなかった人には働き口の選択肢は限られてしまいます。そこにＣｈａｔＧＰＴをはじめとするＡＩ（人工知能）が追い打ちをかけ始めています。

また、学びのベースがないと価値創造にチャレンジしようという意欲や気概も生まれてはきません。「スキル（Skill）があってこそウィル（Will、意欲）が生まれる」といわれますが、そういう意味ではスキルもウィルもなければどうしようもありません。その反動として、目の前の刹那的な楽しみに飛びついたり、今持っているものに一所懸命にしがみついたりしようとしてしまうのです。そうするともちろん、学び直す必要もなくなります。何も変わらず、やれるところだけに終始して小ぢんまりとした生活で満足してしまいます。これでは新たな世界も開けない、学び直しも必要ない、という悪循環です。

シニア世代に「小さな仕事」を提唱している方もいます。昔からやりたかったラーメン店や生花店、喫茶店など、シニアになったら自分の身の回りの小さな夢や楽しみを仕事にしましょう、これがシニアの幸せです、という考え方です。もちろんそれも悪くありませんし、人口減少に直面するローカルコミュニティや地方では重要な役割もあるでしょう。生きがいを持った高齢者によってコミュニティを維持し続けることも重要です。とはいえ、これだけではもったいないと思われませんか？

シニアになっても現役世代と同じように、むしろシニアとしての知恵や経験を付加して、一企業を越えて日本という国全体としての価値創造に携わっていくべきではないでしょうか。人間は、生物として生きているだけではなく、社会的側面を持って生きています。人生１００年の時代、生物的な寿命と共に社会的な寿命も延びているのですから、その社会的な寿命を長いサラリーマン人生での経験を積極的に活かして、次に続く世代のためにいい道筋をつける、すなわち現状の閉塞状況を変革していくことに活かしていただきたいと思うのです。立ち上がってほしいのです。

もちろん、必ずしもフルタイムで経済活動の前面に立つ必要はありません。価値創造をリードする若手を支援するという役割でも構いません。さまざまな局面で、今まで培ってきた自分の価値や経験をどのように発揮していくのか、より前のめりで攻めの姿勢を見せていきませんか。

読者であるあなたは人生100年の時間を日本の停滞を打破するために、蓄積した経験とスキルをどのように活かせそうでしょうか？

●未来は所与のものではなく、創り出すもの

さて、ここまで人生100年時代の不安や、小さくまとまってしまうことのリスクについて触れてきました。これからの時代、国に頼ることはできません。「まえがき」でも触れたように、短期主義、形式主義、結果主義に陥って、閉塞感を創り出す元凶になっているような会社にも頼れません。**その覚悟を持った上で、人生100年時代に、「これからの自分自身をどうするのか」、そして、「自分としてどのように未来の世代を支える価値創造をしていくのか」、この2つを考えることが必要になります。**

この本を手に取ってくださっているのは40〜50代のミドル・シニアの方が多いことでしょう。「あと何年で定年」「もうすぐ上がり」という考えに陥っていませんか？「先は見えてしまっている」と、諦めたり落ち着いてしまっていませんか？

「デフォルトフューチャー（Default future）」という言葉があります。自分の未来がもう見えてしまっている、将来は今の延長線上だ、と考えるのが「デフォルトフューチャー」です。そうではなく、「クラフテッドフューチャー（Crafted future）」、つまり自分の手で未来を作り出

す、という発想を持っていただきたいと思います。自分の人生を作り込むのは自分です。自分をどうしていくのか、人生をデザインするのは皆さん自身です。国の将来を支えていくのは私たち一人ひとりです。

100年という長い人生の中で、若者はもちろん、ミドルもシニアも国の再生に参画する意志を持つべきです。それが、一人ひとりが国づくりに参画するという、権威主義ではない民主主義の原点です。自分の現状だけ考えているだけでいいのならば、それほど楽なことはないのですが、それでは民主主義が堕落します。自分の身の回りや社会への問題意識を育み、大きな志に展開して自分の人生戦略に取り組むことで、結果的に「国の将来を支える」一員になっていくのです。はじめから大きな志でなくても、はじめから「国のために」という発想でなくても、はじめの一歩をいかに自分らしく踏み出すかです。そういう意味では人生100年時代という長い時間を与えられた今、人生への志を持って新たな未来をつないでいくチャンスなのではないでしょうか。

とくに定年を迎えて第二の人生を始めようという方、もう第二の人生が始まっている方。定年までは会社のため、お客様のために働いてきたかもしれません。これからは自分の人生や未来の世代のための戦略を考えていくことが重要になります。**未来の日本全体のために自分はどのような価値を生み出せるのでしょうか。こういった点を考えるのが第二の人生の本質だと思うのです。こうした人生100年への真摯な向き合い方、「人生を生き切る」姿勢こそがイノベーターシップの起点になるのです。**

2 「青銀共創」が未来に向けた価値創造のカギ

あらゆる人が国の将来を支える役割を担うべきですが、そこで大切になるのが**「青銀共創」**です。**これは、青（若者）と銀（シニア）の世代間の助け合いを重視する考え方**で、台湾のデジタル担当大臣を務めたオードリー・タン氏が発案した言葉です。ウィルもスキルもある若者をシニアがうまくサポートし、シニアも参画しながら青&銀で価値を創造していこう、という提案です。若者もシニアも、一人ひとりがイノベーターとしての意識を持ってはじめて、青銀共創は成り立ちます。

若手が未来を創造していくべきなのは当然ですが、それに加えて、シニアももっと社会の前面に出て価値を生み出していくという役割を自覚していきましょう。第一線の若手では対応しきれない課題を、中長期的な視点でじっくり扱うことができるでしょう。若手に人脈や知識を引き継ぎ、活用してもらうこともできるでしょう。

そして、リーダーの立場にある人には、こういった青銀共創を推進していけるように、環境を整えたり、人事制度を変えたりして、青銀共創のカルチャーを創造し、周囲の人を動機づけていく責任があるはずです。昭和の時代が、モーレツな若手主導のカルチャーだったとすれば、青銀共創カルチャーを令和の時代の成熟した日本社会の美徳にしていきたいものです。
青（若者）も銀（シニア）も、共創を可能にしていくためには、「キャリア自律」が合言葉となります。つまり、仕事にどのように向き合っていくか、どういう価値を自分は発揮したいのか、次のステップでどう伸ばしたいのか、会社からのオーダーをどう自分らしくこなして自分の価値に転換するのか。このように、自分の一日一日を自分の価値創造に転換していく生き方がキャリア自律です。「自分は（単なるサラリーマンではなく）生み出す価値によって会社から給料をもらっている」という意識でもありますので、私は「**一人事業主意識**」とも言っています。パナソニックの創業者である松下幸之助氏は「社員稼業」と称したそうです。

こうした意識で日々考え、意識的にキャリアを自らの手でコントロールしていくことが人生戦略上、大変重要です。ミドルやシニアはもちろんのこと、20～30代でも自分でキャリアを意識して作り、目指したいイメージを常に持つことが大切です。そしてリーダーには、若手への口先だけのアドバイスではなく、先頭に立って一人事業主のふるまいを実践しキャリア自律の道筋を示し、そのロールモデルになっていく役割が欠かせません。

キャリア自律が目指すところは「生涯現役」です。「現役」というのは、何らかの形で社会に対して貢献していること、つまり常に価値を生み出し続けていることです。もっと平たく言うと「誰かのお役に立っている」存在であり続けることです。

「人は得るものによって生計をなし、与えるものによって人生を築く」。これはイギリスの名宰相、ウィンストン・チャーチルの言葉です。定年を迎えて仕事を引退すると、「与えるもの」

がなくなり、「得るもの」＝「年金」しかないということでは「人生を築く」ことにはなりません。チャーチルの言う「人生を築く」ためには、仕事をし続ける、与え続ける、価値を生み出し続けることが求められるのです。

皆さんが与えられるものは何でしょうか？　与えられる価値が大きいほど、人生は豊かになります。もっと大きなものを与えられないでしょうか？

社会に価値を提供する、将来のために共創する。スケールの大きな話ですが、いったん会社の枠を外して自分として与えられるのは何かを考えると、おのずとそれが価値提供や共創につながるはずです。これこそが「生涯現役」への扉を開くのです。

◉「自分のため」が「世のため」につながる人生戦略

このように説明すると、「一生フルタイムでバリバリ働く必要があるのですか？」と問われることがあります。そうではありません。人生後半はゆとりを持っていただいてもちろん構いません。年相応でよいでしょう。ただし、常に自分が提供できる価値は何かを考え、常に何かを与え続けてください、ということです。

1つのところで頑張る「一所懸命」でなくてもいいでしょう。副業でも兼業でもよいのです。「ライフシフト」で提唱されているポートフォリオワーカーになっても、エクスプローラーになっても、それぞれ自分に合うやり方があるはずです。いろいろな働き方を駆使して、さまざまな方面で自分の価値を発見し続けてください。ぶら下がる人が少なくなり、一人ひとりの価値が結集する時に、社会全体の大きな価値創造につながるはずです。

そこでのポイントはいかに早くそうしたライフシフトを準備し始めるかです。自分のライフシフトを遅らせれば遅らせるほど、気力・体力が衰え、組織のしがらみにも取り巻かれ、どんどんとぶら下がりの魔の手がのびてくるのです。なるべくキャリアの早い段階で（遅くとも30歳前後で）緩くてもよいので、仮説でもよいのでみずからの人生戦略を考え始める必要があるのです。**「会社のため」「お客様のため」という縛りをいったん取り払い、「自分らしく」「自分のため」を通じて最終的には「世のため」の価値を生み出せる、そういった人生戦略をデザインしてみませんか。**

●越境体験を通してイノベーションを

こういった意欲を持った人が集まってこそ、大企業も生き生きしてきます。何もしない社員がただぶら下がっていても何となく続いていくのが大企業かもしれません。しかし、そんな社員ばかり抱えているといつまでたっても低空飛行から抜け出せず、イノベーションを起爆剤に飛躍することはできません。何もしない社員を放置しておくと、意欲の高い人や若い人たちからも見放されてしまいます。結局企業は自分の首を絞めることになるのです。**青銀共創のカルチャーをいち早く創造することが重要です。**

今では多くの企業が副業を認めるようになっています。副業に限らず、プロボノや異業種交流などさまざまな機会も存在しています。こういった社外の体験を通して、幅を広げ、自分が掘り下げたいテーマを見つけ、スキルを磨いてください。

法政大学の石山恒貴教授は、自分が慣れ親しんだ「ホーム」と、そこから離れた「アウェイ」を行き来する「越境学習」が重要だと提唱しています。ホームグラウンドばかりでプレイしていると、視野が狭くなり、思考は固まってしまうのです。行動半径は狭くなり**人生の可動域**がどんどん小さくなります。副業などを通じて、人生の中にどうやってアウェイの越境体験を組み込んでいくのか、という視点が大切になります。

そういった意味では、若い人たちによるベンチャーや地域の取り組みがどんどん出てきているのは明るい兆しです。グローバルを目指して頑張る中小企業も増えてきています。ビジネスモデルイノベーションの例として、浅井農園と環境大善の2つの事例をご紹介しましょう。

Column

浅井農園：脱・家族経営で研究開発型の農業カンパニーを目指す

浅井農園はITや機械を駆使した先進的な農業を展開する農業法人です。主にトマトの大規模生産を手がけ、商品開発・栽培方法・人材育成など多面的に国内農業法人のモデルケースともいわれています。

この農業集団を率いるのが、浅井雄一郎社長（1980年生まれ）。もともとの家業である植木生産は経営が厳しく、家業を継いだ浅井氏がトマトの生産に切り替えることを決断しました。そもそもご本人は農家を継ぐことに前向きではなかったようですが、大学1

年の時、父親の勧めで米国の種苗会社のインターンシップに参加し、日本の家族経営の農業とはまったく異なる、ビジネスとしての農業にカルチャーショックを受けた、といいます。まさに越境体験を通じて考え方が変わったわけです。

浅井農園の特徴は、大学や研究機関などと共同研究開発の体制で取り組むことで、自社単独では難しい技術テーマを掘り下げ、研究開発のスピードを向上させていることです。例えば、品種開発では三重大学と共同研究を進め、短期間で「おいしさ」や「機能性」といったニーズを満たす品種を生み出しています。また、生産管理の標準化・システム化を通して生産性を高め、AIを活用して栽培管理技術の最適化や収穫量の予測に取り組んでいます。

企業との協働にも積極的です。デンソーとは合弁会社を設立してトマト収穫ロボットを実用化し、食用油メーカーの辻製油や三井物産と組んで太陽光型のトマト工場に発光ダイオード（LED）を併用するハウスを作り出しています。最近ではトマトに加えて、ニュージーランドのキウイ販売大手「ゼスプリ」と組みキウイフルーツの生産も手がけています。

浅井氏の価値創造は自身の農園だけにとどまりません。「農業事業開発ソリューション」として、農業事業開発コンサルティング、技術指導・運営支援コンサルティング、農業事業再生支援コンサルティングといった、農業をビジネスとして展開していこうと考える仲間を支援していく取り組みも実施しています。

さらに、浅井農園のある三重県では、農地を集約して借り上げ、優れたビジネスプランを持つ個人や法人に貸し付ける事業が始まっています。地域の農地を集約して大規模な経営を推進するために、農地を借りたい企業と生産者と組んでビジネスを拡大したい企業のマッチングを行う取り組みですが、この事業を提案したのも浅井氏です。

浅井農園は家族経営から脱し、『常に現場を科学する研究開発型の農業カンパニー』を目指します」というコーポレート・スローガンを掲げています。自身の農園にイノベーションを起こしているだけではなく、さまざまな共創を通じて地域全体、農業全体にも価値を創造している好例ではないでしょうか。

Column

環境大善：牛の尿のアップサイクルを通じた循環型ビジネスを創出

環境大善は、地元酪農家から仕入れた牛の尿を原料として、液体堆肥や消臭剤を開発・販売する会社です。牛の尿に独自の微生物を投入し、発酵・熟成させるというバイオ技術で作り出した液体原料には、環境中にある善玉菌の増殖を助け、悪玉菌を抑え、環境を浄化する可能性があると考えられています。

環境大善の消臭剤の開発のきっかけは、知り合いの酪農家から持ちこまれた「牛の尿を微生物で分解した液」です。この液体がまったくの無臭であったことから、創業者の窪之内覚氏が消臭効果の可能性に着目し、自宅やペット用の消臭剤として商品化したのです。この消臭剤は災害時の避難所や仮設トイレにも活用されています。さらに研究を進めたところ、この液体には土壌改善効果があることもわかり、液体肥料の商品化につながりました。

現社長の窪之内誠氏（１９７６年生まれ）は、この液体が環境ビジネスとして伸びると確信。消臭剤や液体肥料として機能する科学的な裏付けとともに、マーケティングにも力を入れました。２０１７年からは同社の地元にある北見工業大学と共同研究に取り組んでおり、２０２０年には液体堆肥の品質安定と光合成微生物の研究に向けて、共同研究講座を開設しています。

さらに海外にも目が向いています。例えば、東南アジアでは今までの農薬の使い過ぎによって、土壌の回復が課題になっています。また、所得水準の向上に伴って有機栽培への関心も高まっています。こういった地域では土壌改良効果があり、化学肥料に代わる天然由来の液体堆肥へのニーズが高まると考えられ、こういった市場にも輸出を進めています。

牛の尿は悪臭をもたらす厄介者であり、その処理は酪農家にとっては多額の費用負担を伴う、経営を圧迫しかねない問題です。尿を資源化できれば、酪農家にとってはこの厄介者を商品に変えることができ、さらに肥料として使えば作物の生育にもメリットになります。こうして、牛の尿という課題を起点に、「アップサイクル型循環システム」が確立され、未利用バイオマスの資源化を可能にするだけではなく、地域内に新たな事業を生み出し、雇用を創出するなど、地域内のさまざまな課題解決につながっているのです。さらに、この地域発のイノベーションは地域経済を回すだけではなく、海を渡って世界でも活用されるようになっています。

3 「自分が」「今」変化を起こす

日本社会をどこかで反転させたい、自分も何らかの形で寄与したい……という思いを皆が持つようになれば、変化は必ず起こります。一番悪いのは、**「きっと自分以外の誰かがやっているだろう」「すでに手は打たれているだろう」と考えることです。このように考えて率先して行動しないことを、「傍観者効果」**といいます。自分ではない誰かがいつかやってくれるはず、と思い込むのでは結局何も変わりません。「誰か」ではなく「自分」が、「いつか」ではなく「今」動き出すことがすべての変化につながります。有名なエピソードとしては、小さなスポーツカーが存在しなかった当時、それを夢見ていたフェリー・ポルシェは、「私は自らが理想とする車を探したが、どこにも見つからなかった。だから自分で造ることにした」と一念発起し、356ロードスターを生み出しました。今に至るポルシェの伝統が始まったのです。彼が38歳頃のことです。

また、私が注目しているホテルプロデューサーの龍崎翔子さん（水星代表、1996年生まれ）も「しっくりくる環境がない時に、世間との感覚の違いを嘆く必要も諦める必要もない。自分自身の渇きと向き合い続けた果てに、同じ渇きを持っている人とつながれるかもしれない。そこから市場が生まれて、事業が生まれて、ささやかなユートピアを作ることができるかもしれない」と述べています。

せっかく人生100年という時間が与えられているのです。若い力でも挑戦できる中、ミドル・シニアの皆さんは、まだまだある時間を使って、自分自身、どのように価値を生み出す人生につなげていきたいでしょうか。

これは昨今注目の集まっているウェルビーイングの問題にもつながってきます。ウェルビーイングには、例えば住環境、食事、お金、健康といったいろいろな要素が含まれますが、その根底にあるのは「生きがい」です。生きがいとはすなわち、「自分がどういう価値を生み出しているのか」を自覚できることです。脳科学者の茂木健一郎氏の言葉を借りれば、自分自身が心から大事にしていることがあり、そこに主体的に関われていることでしょう。その生きがいを見出していくベースであり、自分にとっての新しい未来のための主体的な価値創造の動きこそがイノベーターシップです。自分を変える、人生をデザインする、変化につながる行動を今起こす、自分が生み出す価値を自覚する、未来を創造する、これがイノベーターシップなのです。

◉生涯現役時代にこそ身につけたいイノベーターシップ

イノベーターシップとは「理想とする未来を構想し、それに積極的に関与していく力」「熱い思いとしたたかな実践知によって、しがらみを破り、不条理を乗り越え、現実を転換し、共通善に裏打ちされた自らのビジョンの実現のために、イノベーションを起こす力量」と私は説明しています。未来を描き出し、そのビジョンを実現できるよう自分の持てるものも、周囲の人も、社会の仕組みさえも総動員して変えていける人こそがイノベーターシップを備えた人です。

マネジメントとリーダーシップ

別言すると「マネジメント」や「リーダーシップ」を超える第3の力がイノベーターシップです。マネジメントとは、決められたことをできるだけ効率的に達成していくことです。マネージする人ですから、結果を出すプロセスの「管理」、人・モノ・金・情報・関係性の適切な「管理」に力点が置かれます。その役割は、短期的な数値や結果に責任を持ち、全体最適かつ顧客視点で目標を設定することです。

適切に組織を運営し、短期的業績を確実に達成する力ですから、その要素として実行計画の策定や予算の立案、組織づくりや人員の確保、進捗管理と評価などが含まれます。

一方、リーダーシップとは、変化の中で方向性を示しリード（指揮）することです。進むべき方向性のわからない状況の中でも、ぶれないビジョンや戦略を示し、針路を判断する勇気を持つことであり、人々を動機づけ、困難な課題解決に取り組む司令塔の役割を担います。

変化に俊敏に対応し、現在の根本的課題を解決するリーダーの力量ですから、その要素として、ビジョンの設定、モチベーションを掻き立てる、新しい価値観の伝達、何としてもやり切るというコミットメントを示すことなどが含まれます。

マネジメントが予定どおりのコースをできるだけうまく効率的に進むナビゲーションであるとしたら、リーダーシップは変化や障害に直面しても立ち止まらず、変化に柔軟に適応して新しい方向へ全体を向けていくトランスフォーメーションです。

マネジメントやリーダーシップの先にあるイノベーターシップ

イノベーターシップとは、さらにその一歩先にある未来を創っていこうという未来創造へ向けてのアクションのことです。会社であれば自社のビジネスモデルを大胆に変革して、10年先からバックキャストし長期的成長路線を築く力量です。そのために熱い思いと実践知で社内外を取り巻く現実を転換し、未来のシステムを築く力です。「世直しへの挑戦」といえるでしょう。よって、その要素として、以下の5つがあります。

①大きな夢を描く未来構想力
②行動し失敗から学ぶ実践知
③しがらみを打破できる突破力
④知見の深さと広さを備えたパイ（π）型ベース
⑤知を共創する環境を整える場づくり力

図表 序-1　マネジメント、リーダーシップ、イノベーターシップ

マネジメント

- 結果を出すプロセスとデータをきちんと管理し、所定の目標を達成する
- そのために、人・モノ・カネ・情報・関係性を適切にマネジメントする
- 数値や結果だけを追うのではない
- 組織内外の調整を図り、全体最適、顧客の利益の視点を忘れない

リーダーシップ

- 進むべき方向のわからない状況の中でも、ぶれないビジョン、戦略を示し、組織をダイナミックに変換するような判断を行い、決断する勇気を持つ
- ビジョンに基づく中期的な視点で、人々を動機づけ、困難な課題解決にチームで取り組む司令塔となる

イノベーターシップ

- 自分を取り巻く社会の現実を変え、より住みやすくなるよう、みずからイノベーションや新しい価値を創造したいという熱い思いを持つ
- 世の中のためを思うビジョンを描き、そこへ向かって地道な作業をいとわず、試行錯誤から学びながら、知を創造し、事を成す
- その実現へ向けて、同じ志を持つ社内外の人々を結び付け、多彩な力を活かす場づくりを行う

この変化の時代、日本を立て直し、日本が向かうべき方向性を提示していくためには、「今の路線をどのように進めるのか」を考えるマネジメントや、「目の前の問題をどのように乗り越えるのか」というリーダーシップだけは十分ではありません。今の路線や目の前の問題だけに注目してしまうと、現状の制約に縛られたままになり、小ぢんまりとしたソリューションしか生まれてこないでしょう。現状だけではない、もっと先を見据える力が求められます。

企業の視座からいえば、企業や業界に閉じた成長ではなく、地球全体の持続可能性を視野に入れた未来を創造していくことです。そのためのビジネスモデルイノベーションやエコシステムの大胆な見直しまで踏み込めるかです。その未来に

向けて日本は何ができ、あなたはその未来創造にどのような役割を果たしますか？

また個人の視座からいえば、自分がもっと住みやすい社会、世の中をどう作りたいかです。自分の人生が１００歳までの長期にわたる時、どんな世の中、身の回りの社会がほしいのか。今のままで本当にいいのか。子どもたちもそれで幸せになれるのか？　そんな未来の暮らしへの思いにまで踏み込んで、自分の人生の目標を考えられるかです。

自分ひとりで世界をひっくり返すことはできませんが、1ミリでも良くすることは可能なはず。そんな信念からすべてはスタートすると思います。こういった意識に裏打ちされた価値創造こそが、人生100年時代、VUCAの時代に大切なイノベーションだと思うのです。

マネジメントとリーダーシップがあると、企業は成長し続けられるでしょう。しかし短期志向に陥ったり、環境への負荷といった外部不経済を招いたりする可能性があります。短期主義、形式主義、結果主義という「３つの閉塞」がリーダーシップを矮小化させてしまうからです。何とか困難を乗り切るのですが、見える範囲の経済的合理性を重視するあまり、社外の問題を容認してしまう。昨今の企業による不祥事でもこういったパターンを頻繁に目にします。これでは、企業や人々を疲弊させるマネー資本主義の横行を許すばかりです。

人生１００年時代には、長い期間にわたって持続可能なウェルビーイングが重要です。誰もが長い人生を豊かに暮らせるインフラや環境、外部不経済を放置せずに「自分ごと」として解決していく「外部不経済の内部化」、サステナビリティを核に据えた経営といったものがウェルビーイングの土台になります。こういったものをイノベーションを通して実現していくのがイノベーターシップなのです。

かつて高い価値を発揮していた日本、そしていま高齢化先進国である日本には、率先して持続可能な地球や新しい資本主義を作っていく伝統や動機、そして責任もあるはずです。この点が腹落ちしていてこそ、適切な時代認識を持っているといえます。そのような人はおのずと「自分が何かしなくては」という思いに突き動かされるはずです。

未来を描き出し、その未来を実現していくためには、何とかして次の未来を切り拓きたいという熱い思いと、型どおりではいかない現実突破のための実践的な知恵の2つが大きなカギとなります。このイノベーターシップを働かせてこそ、今の人生100年時代の不安を解消していけるのです。

◉ライフイノベーションで自分の限界を突破する極意

イノベーターシップとは、今まで述べてきたような社会的な変化や、求められる変化の文脈の中で、自分の人生を変えるイノベーションでもあります。「デフォルトフューチャー」を「クラフテッドフューチャー」に変えていくことです。

日本人は真面目である反面、その真面目さがあだとなって閉塞気味な社会を生み出してしまっています。それを変えるカギとなるのがイノベーターシップです。

人生への問いを立てる

収入や就職、生活の豊かさの底上げ、基盤形成といった自分の人生のマネジメント。転職や結婚、子育て、人生の幅を広げていくのが自分の人生のリーダーシップだとすれば、それに加えて、**自分のキャリアで日本の明日を考えた大目的を設定し「事を起こす」イノベーターシップも身につけて、さらなる人生の高みを目指しましょう。**人間は価値を創造する存在です。豊かな知の創造こそが人間の本質であり、人間は知を創造し続けることで進歩してきました。

こうした知の創造にあなたは何がしか関わってきたはずです。

- これから、ますますイノベーションが求められる時代に、さらにどうやってより多くのイノベーションを生み出せそうですか？
- どうやって質の高いイノベーションに貢献できそうですか？
- そのような意図を持った人生を歩んでみませんか？

こういった問いに答えることこそが、自分の人生を「生き切る」ということです。100年も与えられた人生を無駄にしないかどうかは、イノベーションを通じた価値創造にいかに挑戦できるかにかかっています。それがライフイノベーションであり、自分の限界を突破することです。

とはいうものの、人間というのは「無意識の自己限定」にはまりやすいものです。とくに流動性の小さい日本の社会には隅々まで偏差値教育、横並び意識、失敗を回避する風土、同調圧力、前例主義の硬直的な考え方、権威勾配、目の前バイアスなどが浸透しています。さまざまなものが人を縛っているのです。例えば横並び意識があると、変化を気にして、自分はこれだけしかできない、という考えに陥りやすくなります。その結果、一段上の目標を目指さなかったり、何かの限界を突破しようという意欲を持たなかったり、違う考え方ができなくなったりします。成功者やイノベーターの話を聞いても、「あの人は特別だから」とか「別の世界の話だよね」という言い訳をしてしまいます。

自己限定にはまってしまうと、自分が目指すべきイノベーター像と自分の現状とのギャップが見えなくなります。ギャップが見えなければ、ギャップを埋めるために新しいことに挑戦しようと思えなくなります。学び直しやリスキリングもしなくなります。

これではＶＵＣＡの時代に、人生１００年を充実させて「生き切る」ことはできません。ただ不安なだけの寂しい１００年に終始してしまいます。さらに、これはあなた個人の不安という問題だけではないのです。自己限定に陥ってしまった大人たちがあふれかえっている社会を、未来の子どもたちに引き継ぎたいでしょうか。今あるものを自分の世代で消費しつくしてしまっては、子どもたちの世代に豊かさを残すことはできません。フランスの哲学者であるピエール・テイヤール・ド・シャルダンは「未来は次の世代に希望を与えられる人に委ねられている」と語りました。時代の曲がり角において、今まさに私たちに未来が委ねられているのではないでしょうか。

人口減少を受けて縮みゆく日本、という現実は変わりません。ただし、自分を取り巻く世界は変わらなくても、自分は変わることができます。一人ひとりが起こすイノベーション意欲の総和が国力に直結します。皆さんのイノベーションから日本のイノベーションが始まります。**野性、ハングリー精神、意志力、未来への希望、危機感といったプロアクティブな人生への駆動力に火をつけてください。ライフイノベーションで自己限定を外し、自分の限界を突破してください。まさにこれがイノベーターシップの神髄です。**

限界を突いて新しいことを始め、アウェイに身を置いて越境体験をすることで、自分が活躍できるフィールドは拡大します。スパイラルアップの相乗効果が生まれるのです。自分の成長戦略、自分のライフイノベーションを人生戦略にきっちりビルトインしましょう。自分の生き方をデザインしてほしいと考えます。

自社・自業界のイノベーションをリードする

自分自身にイノベーションを起こせない人に自社のイノベーションは起こせません。自社にイノベーションがなければ、業界のイノベーションも起こせません。下りのエスカレーターから日本は脱出できません。ピーター・ドラッカーは「イノベーションとは自己変革である」と言っています。新たな価値を生み出すというのは、自分のやり方やものの見方、考え方を変えていくことにほかならないからです。

あなたは自分を成長させようと思っていますか？　新たな知見を受け入れられますか？　自

分の人生を通じて新しい価値を生み出そうとしていますか？　もちろん、イノベーション＝自己変革は簡単なことではありません。人生を賭けて、自己限定を打破していく覚悟が求められます。

イノベーションを起こす意欲のある人がいてこそ、企業も変わり、企業にイノベーションが起きるようになります。逆に、「カイゼン」ばかりに終始している日本の企業でイノベーションが起きないのは、社員が大きな構想力を持たなくても、目の前のカイゼンに尽力していればすんでしまい、より大変なイノベーションを起こそうという意欲や気概が育たないからです。個人が変わらなければ組織も変わりません。

私は変わらない人の集団を「粘土層」と呼んでいます。出世したくない上にキャリアも伸びないと思っている人たちが居座り、成長したいという意欲のある人を押さえつけてしまっている現象のことです。こういった粘土層は組織の重しであり、組織の沈滞化を招きます。粘土ですから、外部からのインプットや刺激にも反応しません。重しになるだけです。

繰り返しになりますが、会社のイノベーションは社員のイノベーターシップから、社員のイノベーターシップは社員の人生のイノベーターシップから生まれます。

そういった意味で、**イノベーション論とキャリア論は表裏一体です**。会社の成長を人の面から支えるべき人事の戦略課題として、どういう社員を育てていくのか、どうやって社員にイノベーターシップを植え付けるのかが問われます。皆がイノベーターシップを育て発揮し合う青銀共創のカルチャーを育むことが問われます。ベテラン社員には学び直ししてもらう必要があるでしょう。若手社員には、若いうちから志を持ち、そしてその志に向けて挑戦するマインドセットを育んでいくことが必要になるでしょう。短期主義、形式主義、結果主義に陥ってしまった平成時代の希望の持てない人事管理から、イノベーターシップを育む未来へ向けた人事戦略に大きく転換することが求められているのです。

◉イノベーターシップ人材の5つの力を鍛える

自分を変革し、新たな未来に向けてイノベーションを起こす力量がイノベーターシップです。イノベーターシップを備えた人材は未来を描き出し、思い描いた未来に向けて仲間を集め、技術と知見を駆使し、新たな仕組みを作っていきます。

私は2000年代半ばからイノベーターシップについて研究していますが、イノベーションを起こし、世の中を変えていったさまざまな人たちの行動や考え方を分析したり体系化したりしていく中で、イノベーターとして大きな価値を生み出す人材は共通した力を備えていることがはっきりしてきました。それが、未来構想力、実践知、突破力、パイ型ベース、場づくり力という相互に関連しあった5つの力です。

第1章以降で、それぞれの力を習得していく極意について掘り下げていきます。また、5つの力をどうやって獲得し、発揮してきたのか、イノベーターである5人の方へのインタビューを通して紹介します。では、イノベーターシップ獲得の旅路へ出発しましょう。

第1章

未来構想力

――「ありたい未来の姿」を描き出す

CHAPTER 1

1　未来構想力とは何か
2　未来構想力を習得するトレーニング
3　イノベーターシップストーリー No.1
「日本酒を世界の酒に」という未来を構想する

1 未来構想力とは何か

未来構想力とは、既存の事業や社会の前提に縛られず、「そうありたい」と願う世の中を自らが主体的に構想する力であり、ビジョナリーな未来社会の提案力のことです。イノベーターはどこに向かって現実を変えていきたいのか、未来の姿を描き出します。

社会から望まれていることは何か、未来の共通善とは何か、社会が気づいていないかもしれない「あるべき」姿とは何かを考える力です。時代の流れをきちんと把握し、顕在化していない潜在的なニーズをあぶり出し、自分なりの解決策を提示していく力です。

●未来の共通善「真・善・美」を追求する

ここでは、知識創造論の根幹にある「真・善・美」の追求が基軸となります。知の探究には、価値を生み出す目標を描き出し、それをやり抜こうという生き方ともいうべき態度・精神性が求められますが、その根幹には、大きくいえば「世界を変えていく」、等身大でいえば「自分の周りの不条理を変えていく」、そんな変革のためのイノベーションを通して共通善を達成したいという強い思いが必要なのです。すなわち、この共通善＝「真・善・美」を、自分の周り、自分の生きている世界に届けたいという強い思いが源泉になってこそ、やり抜く力（Grit）が生まれ、未来を構想し続ける努力につながるのです。

未来は突然姿を現すことはなく、イノベーションもある日突然起こりはしません。むしろ多くの人の小さな積み重ねの集積というほうが正しいでしょう。より良い暮らしへ向けて「何とかならないか」という強い思いを持ち続けられるかなのです。

強い思いとはいいましたが、未来構想力を発揮するためには、まずさまざまな情報を収集する必要もあります。世の中はどのように動いているのか、過去からどのような経緯で現在につながっているのか。そして、幅広い情報に基づくインサイト、言い換えれば「教養」という高度な知を自分なりに形成してはじめて、自分として自信を持って未来を思い描くことができるのです。幅広い情報がなければ妄想すらできません。この点は後述する「パイ型ベース」に関連しています。

未来構想力のもう1つのポイントは、自分が構想している未来をきちんとしたビジョンに落とし込むことです。イノベーションを起こす目的は、社会に資するものを創造し、それを新しい現実にしていくことです。これは個人が一人でできるものではありません。自分が描き出した未来の姿を周囲に見せ、周りを惹きつけ賛同者を得て、チームで大きな流れにしていくことで大きな構想は実現されます。この点は、「場づくり力」につながります。そのための旗印としてビジョンを明確化することが重要です。

すぐれたビジョンは人の心を鷲づかみにします。周りの人たちをしみじみさせたり、ゾクゾクさせたりします。こういった感情に訴えるビジョンステートメントと、それに対するプルーフポイントも必要になるでしょう。こういったものをどのように体系化していき、形式知としていくのか、そのコミュニケーション能力も問われます。

●「未来への思い」でモードを切り替える

序章でも解説しましたが、今の日本はイノベーション閉塞状況にあるという認識がまず必要です。それは平成30年間のデフレ経済下での何をやっても「どうせ無理」という敗北主義による現実逃避にも表れています。そのため「学び」を回避してきました。その詳細は第4章のパイ（π）型ベースで述べますが、悪循環に陥っています。

「どうせ無理」の感覚⬇学びの回避⬇能力が培われない⬇危なくてリスクが取れない⬇経験や失敗から学べない⬇イノベーションが起こらない。こちらをモードBとします。イノベーションとリスクテイクはセットですが自信がなさすぎといえます。本来は、リスクテイク⬇学習⬇組織能力向上⬇イノベーションへの挑戦の自信、となるはずです。こちらをモードAと呼びます。

モードBから脱し、モードAに切り替えるために重要なのが、「未来への思い」なのです。情報をしっかり得て、未来を主体的に描き、ビジョンとして提示するのです。「どうせ無理」ではなく、「こうあったらいいのに！」というポジティブな思いを引き出し、未来への思いを明確化するのが未来構想力であり、イノベーションの一丁目一番地なのです。私たちが子どもの頃に誰もが持っていた素質ではないでしょうか。イノベーションには欠くことのできないこの未来構想力を3つの切り口から解説していきましょう。

①大きなトレンドを見据える時代認識

大きなトレンドを見据える時代認識がまずは大切です。このVUCA（Volatility／変動性、Uncertainty／不確実性、Complexity／複雑性、Ambiguity／曖昧性）の時代にじたばた右往左往したり諦観してしまうのではなく、その中にも必ず存在している大きなトレンドに目を向けてください。

例えば、人口減少と高齢化やデジタルの進化といった不可逆のトレンドを見据えて、10年や20年単位で、どんなイノベーターたちがどんな開発を企んでいるのか、それを通じて世の中がどうなると予想されるのか、そこから生まれる変化をどう活用、あるいは対処していくのか、自分たちはどのように新しい世界を切り拓いていくのかを考えることができます。そのために今何をすべきか、バックキャスティングで今後の行動や経営を考えることができるでしょう。

企業を経営していく上では単年度主義が主流であり、短期の勝負にどうやって勝ち抜くのかといった競争戦略につい集中しがちですが、イノベーターはその近視眼から脱却して、長期的な成長戦略を描けるかどうかが問われます。

②社会課題をビジネスチャンスに変える心意気

社会課題をビジネスチャンスに変える心意気も必要です。近江商人の「三方よし」は、「売り手よし」「買い手よし」「世間よし」ですが、この考え方では既存顧客を満足させ、目の前の問題を解決して終わってしまいます。イノベーターはそこからもう一歩踏み込んで、今解決できていない社会課題に対しても目を向けます。「未来よし」を加えた「四方よし」です。

地球温暖化とエネルギー問題、経済発展と生物多様性の問題、食料資源確保や代替肉の問題、海洋プラスチックによる環境汚染問題など、未来の社会に向けてイノベーションを必要とする壮大なチャレンジがさまざまに存在しています。既存市場にとどまり、既存ニーズの充足に満足せず、まずは自分の解決したい大きな課題に着目してみることです。それを回す新しいビジネスを創造し、より良い地球の創造に挑戦しましょう。

③明るい未来を描くイマジネーション

未来構想を実際に描くには、明るい未来を描くイマジネーションが重要です。目先のことばかり見て現実的になりすぎると、弱気で暗くなってしまいます。目線が下がってしまっては遠くまで展望することができません。マーガレット・サッチャーが述べたように「明るい未来を構想できなければ、明るい未来はやってきません」。イノベーターの自分としてこうありたい、未来の社会はこうあってほしい・自分としてこう実現したいという夢を広げるイマジネーションを持ってください。一直線に夢がかなうことはまれでしょうが、夢を描かないことには現状打破はできません。シリコンバレーで言われるように「Fail often, fail fast（数多く、スピーディに失敗しよう）」というノリも大事なのです。量質転換の法則が働き、いいものが出るはずだという思い込み、楽観主義が重要です。

「人は新しいテクノロジーの影響を短期的には過大評価し、長期的には過小評価する傾向がある」という「アマラの法則」が知られています。AIは何度も過大評価されてきましたし、自動運転やEVもその傾向があります。一方ですでに時間が経って定着したインターネットやスマートフォンを見るとここまで世の中を変えるとはとても想像できていなかったと思います。長期的に見たインパクトは想像できなかったのです。それがゆえに、イノベーターシップを発揮するリーダーは、ある意味でこれまでの人類のイノベーションの歴史を踏まえ、そこに楽観主義と自信を持って未来を夢見ることが重要なのです。

2 未来構想力を習得するトレーニング

第1章から第5章では、「5つの力」それぞれについて、基本トレーニングと上級トレーニングを解説します。基本トレーニングは、前著『未来を構想し、現実を変えていく イノベーターシップ』で述べたことのエッセンスになっていますので、詳細は前著をご参照ください。本書では、その上級編としてのトレーニングにも挑戦してください。

◉未来構想力を習得する基本トレーニング

未来構想力を鍛える基本のトレーニング方法として、①問題キャッチのセンサーを磨く「問題意識リスト」、②垂直統合の思考法、③自分の立ち位置を明確にする「グローバルウィズダムチャート」の3つの手法があります。

①問題キャッチのセンサーを磨く「問題意識リスト」

自分の中の問題意識をリスト化して、常に情報を更新します。その上で自分の切り口を設け、関連する情報にアンテナを巡らせます。さらに、自分なりの思考実験として解決手段を考えます。

どのような問題でも、自分に引っかかるものをまずは挙げてみてください。物価高、教育、安全保障など、世の中のさまざまな問題の中で自分はとくに何に関心を持っていますか、何がとくに重要だと思いますか。その問題に対して、誰がどのような行動を起こしていますか。それに対して自分はどのように感じていますか。自分ならどうしますか。こうしたことを考えることによって、問題キャッチのセンサーが磨かれていきます。

自分の身の回りの業務ばかりに忙しくしていると、すぐそこに迫っている危機をキャッチすることも、解決策を考えることもできません。とにかく広く情報を得ることです。そのためにデジタルをどれだけ活用していますか。どんどん出てくる新しいデジタルサービスやアプリにどれだけ敏感に反応し、試していますか。デジタルデバイドされないでデジタルの進化についていくことも、問題キャッチセンサーの向上につながります。

②垂直統合の思考法

多摩大学大学院の田坂広志名誉教授が『知性を磨く――「スーパージェネラリスト」の時代』（光文社新書）において提唱しているのが垂直統合の思考法です。**思想、ビジョン、志、戦略、戦術、技術、人間力という7つのレベルで大きな分野から小さな分野までをカバーしつつ、この7つのレベルを相互に行き来して物事を考えていこう、という手法です。**

従来の「ジェネラリスト」とは、人事や営業など異なる役割を経験してきた水平方向に広がりのあるスペシャリストのことです。これに対して、スーパージェネラリストとは、次元の異なる7つのレベルを垂直方向にも自在に行き来し、それぞれの次元を統合できる人のことです。足元の事象に対応する際には、戦術や技術といったレベルで考えますが、一方でさらにひとまわり大きく物事を捉え、そもそもの戦略や達成すべきビジョン、その背後にある思想に至るまでカバーできるほどの視野が必要だということです。どのレベルでも一家言持てるようになれば、自然と自分の目線は広く高いものになっていきます。

③自分の立ち位置を明確にする「グローバルウィズダムチャート」

「世界」「正義」「美」といった抽象的な概念に対して自分がどのような考えを持っているの

かをあぶり出していくのが、Institution for a Global Society（ＩＧＳ）の福原正大代表が提唱しているグローバルウィズダムチャートです。このような概念を自分の考えに沿って言語化していく際に問われるのはまさに教養そのものです。普段は考えないような根源的な問いに向き合い、正解のない事柄を考え続け、仲間と議論することで教養が磨かれ、それが未来に向けた方向感を養っていくことにつながります。イノベーターには次の時代の正義を察することが大事なのです。

同じ観点から、『自分で考え、発言する力を養う　ソーシャル・シンキング』（長谷川智、ＰＨＰエディターズ・グループ）もお勧めします。左脳を使うロジカルシンキング（論理的思考）に対峙する概念として、人間社会や人間性を起点に物事を判断していくという発想法です。気鋭のジャーナリストの視点で、知識と教養を身につけるための物事の見方のヒントが数多く提示されています。

◉未来構想力を進化させる上級トレーニング

昨今の大きな時代の曲がり角を意識すると、基本のトレーニングに加えて以下のトレーニングを提案したいと思います。上級編として、①大きなトレンドを見据える、②将来の皆の困りごとに関心を持つ、③明るい未来を描くイマジネーションという3つの切り口から、未来構想力を進化させるトレーニング手法をご紹介しましょう。

①大きなトレンドを見据える

前段でも述べたとおり、ＶＵＣＡの時代だからこそ時代認識を磨いていく重要性がますます高まります。演習として**時代認識ワークシート**に、自分は何を問題として捉えているのか、その問題は自分にどのようなインパクトがありそうなのかを考えて書き出してください。

その際、ＳＴＥＥＰすなわち、Society、Technology、Economy、Environment、Politicsという切り口に分けて考えるとよいでしょう。図表１-１は例として現在の状況と、それが今後どのように変わっていくのか考えをまとめるためのキーワードを集めたものです。

例えば、Technologyの切り口では、ＡＩ革命で何が問題なのか、ＡＩは自分にとってどのような影響を及ぼすのかといったことを掘り下げて考えることができるでしょう。Economyでは、このところ出てきた「新しい資本主義」が根付くのかどうか、問題点や足りない点は何なのか、自分へのインパクトは何かを検討できるでしょう。

人口減少、高齢化、国際関係の多極化、グリーン化（ＥＶ、エネルギー、フードロス、プラスチック、代替肉）など、○○化と言われる話題を押さえつつ、それぞれの論点を確認してください。

その際、ニュースではなく解説記事やオンラインのブログでも思考を鍛えましょう。こうした論者の視点を借りながら、自分のアンテナを立ててください。アンテナを立てるのは問題意識リストからさらに踏み込み、よりエッジを立てて、自分の問題意識、仮説を明確にするためです。例えば、「ＡＩの発展が人類にとって破壊的ではないためには何が必要か」「日本人の人

図表1-1　時代認識ワークシート

	自分が考える大問題は？	自社や自分にどういうインパクトを与えそうか？
Society （Afterコロナで社会問題、価値観の変化）	（例）ニューノーマル（リモート、バーチャル、非接触、多様化…）はどこへ行く？ パンデミックへの対応、分断化への対応を忘れないか？、 自由と監視、サイバーセキュリティ ヒューマニティ、精神性の喪失か回帰か 人生100年のジェロントロジー社会の改革は可能か	
Technology （人工知能革命、DX）	（例）AIの制御、デジタル独裁、チャットGPTの衝撃、デジタル通貨、NFT、メタバース 人間の役割、価値、働く場所はあるのか？ AI時代に必要となるCreativity, Hospitality, Managementという人間力をどう磨くのか？ デジタルは青銀共創の味方か敵か？	
Economy （新しい資本主義は根付くか？）	（例）マネー資本主義からステークホルダー資本主義へ 外部不経済の内部化 社会的投資、贈与経済、NPO・NGO、DAO ESG、SDGs	
Environment （CO_2問題、エネルギー、海洋汚染など）	（例）グリーンリカバリー、再生可能エネルギー、原発問題、核融合、脱プラスチック、海洋汚染 大量生産・大量廃棄の経済・ライフタイルの見直し 子々孫々への影響、持続可能性	
Politics （国内、国際、地政学）	（例）地政学、経済安全保障、自国中心主義、ポピュリズム グローバル協調のルール再構築へのリーダーシップ 切り札としてのイノベーション推進（米中摩擦の狭間で） 高齢化先進国への社会改革ができない政治の停滞	

口が６３００万人にまで縮小する今後75年で何が起こっていないといけないのか」「アフリカの成長に日本はどのように絡めるのか」など、興味深い論点はいくつも見出せます。自分の関心の持てる問題にアンテナを立て、自分で広げ自分の言葉で語れるようになることで、自分のビジョンの方向が出てくるはずです。それが危機意識につながります。

あなたがアンテナを立てたい問題を３つ書き出してみてください。

図表1-2　SDGs17の目標

（出所）日本ユニセフ協会HP

②将来の皆の困りごとに関心を持つ

未来を構想するためには、自分事として捉えることができる社会課題を踏まえることが有効です。大きなイノベーションのネタが埋まっているからです。社会課題に関心を持つ手がかりとして、「持続可能な開発目標」（ＳＤＧｓ）の17のテーマ（図表1-2）について自分なりに論点を整理してみてください。

自分は17項目のうちとくに何に関心があり、そのために何ができるでしょうか。そのテーマに沿って、身の回りでは具体的に何が起きていますか。どのようなソリューションがどのような主体から提案されていますか。自社または自分は何をしていますか。誰が問題解決のために動いていますか。こういった社会の動きを書き出していくことで、社会課題を自分事として意識することができるようになるでしょう。

証券会社が発行している株価の変動予測やアナリストの分析も参考になります。必ずしも予測があたるとは限りませんが、一定の着眼点を持って経済や市場、各社を分析してくれているため、自分の論点整理に役立つでしょう。

経済や株式のレポートに興味がわいてきたら、個別株式や投資信託に投資してみるのもよいでしょう。投資という体験を通じて、自分の投資先の戦略に関する情報にアンテナを張って、問題意識の感度を磨くことにもつながります。

③明るい未来を描くイマジネーション

イマジネーションというのはシリコンバレーの人たちの得意技です。「こういう未来になったらいい、こういう未来にしたい、こんなふうに世界を変えたい」という「未来語り」がイマジネーションです。米国の西部開拓のフロンティアスピリット（開拓者精神）のように、未来に対する明るい野望や野心が根本にあります。

これは一橋大学の野中郁次郎名誉教授が提唱する「野性」にも通じるものです。人間としてもっとこうあるべしという理想を本当に望み、達成したいことにこだわるということです。傍観者のように何となく誰かがやってくれるだろうとか、流れに身を任せてしまうのではなく、自ら道を切り拓くのです。

米国の起業家・投資家のピーター・ティールの言う「ゼロ・トゥ・ワン（ゼロから何を生み

出せるか)」という精神で、誰も気づいていない問題に関心を持ち、一見非現実的に見えるかもしれない明るい未来やあるべき世の中の姿を描き出してください。

日本経済新聞に「地方発 世界へ」というコラムシリーズがあります。序章でご紹介した浅井農園や環境大善のように、地方の中小企業が、独自の視点と発想で世界に出ていった事例を紹介しています。ここではいくつかの事例を簡単にご紹介しますが、ぜひ記事で実例をお読みください。

●広島県のマルニ木工(洋風椅子):じっくり開発したい社員の要望を入れ高付加価値へシフト。シンガポールのラッフルズホテル、米国のアップルパークへ納入。
●京都府の松風(歯科医用研削材、人工歯):欧米の次は、所得水準が上がるアフリカ、東南アジアへ進出。
●宮崎県のヤマエ食品工業(めんつゆ「高千穂峡つゆ」):健康にいい和食ブームに乗って、米国、台湾、タイなどに販路拡大。
●沖縄県の萌す(鮮魚):沖縄の海産物は日本人好みではないことを逆手に、東南アジア市場から見ればカラフルさが受けるという逆転の発想で東南アジアへの輸出を拡大。
●大分県の木下築炉(火葬炉):フィリピンで火葬炉を販売。狂犬病の犬の遺体焼却用に動物用を納入。土葬が主流のカトリック社会で、費用や土地不足の問題を受けてヒトの遺体焼却にも進出。

●千葉県のトライ・インターナショナル（味噌ラーメン「田所商店」）：発酵食品としての味噌をアピールする「Misoya」を米国、欧州、アジアなどに11店展開。

●大阪府の青木刃物製作所（堺の和包丁）：業界に先駆けて米国市場に進出。和食の料理人に売り込み。

未来を描くイマジネーションを働かせつつ、「夢はでっかく根はふかく」（相田みつを）を意識することも大切です。自分のテクノロジーやノウハウ、コアコンピタンスを使って何ができるかを考えるということです。本田宗一郎は「苦し紛れの知恵を絞り出す」と表現しています。イノベーションは規定路線に従って教科書どおりにやるものではなく、悩んで苦しんでひねり出していくものです。

例えば、タイ、ミャンマー、ラオスにまたがる黄金の三角地帯から、ケシの実の生産を撲滅させた「ドイトン計画」というものがあります。麻薬栽培を撲滅するだけでは、それまでケシ栽培で生計を立てていた現地少数民族の生活が成り立たなくなります。そこで、麻薬の代わりにコーヒーやマカデミアナッツなどへの生産の切り替えを促し、コーヒーを軸にした観光地として地域を再生させました。このプロジェクトは、貧困の解消と将来にわたる住民の自活につながっています。

このような事例を見ると、最初に完全な計画があったわけではなく、まず夢や志があったことがわかります。その夢から現実的に何ができるのか、何を活用できるのかを考え「絞り出し」ています。目の前のことだけを見ると、問題ばかりに目が向いて不可能だと諦めてしまう可能性がありますが、外から見る視線を保ち続けると大胆な発想が生まれるものです。

ライフシフト大学では受講生に、イノベーターシップの授業を受けたあとにはじめて、自分のキャリアビジョンを描いてもらっています。人生を生き切るために、より良い世の中の創造に自分が1ミリでも社会に参加しているのかを、受講生に真剣に考えてほしいと考えているためです。理想とする未来を描き、新しい価値を生み出し社会に大きなインパクトを与える……仕事でも人生でもイノベーションはイマジネーションから生まれます。

●大きなソリューション：Big Hairy Audacious Goal（BHAG）

ジム・コリンズ、ビル・ラジアーの『ビジョナリー・カンパニーZERO』（日経BP）には Big Hairy Audacious Goal（BHAG）という言葉が出てきます。日本語では「社運を賭けた大胆な目標」となっていますが、個人にも当てはまるものであり、自分自身に課したとてつもなく壮大な目標とでもいえるでしょう。イノベーターにはこのBHAGが不可欠です。

未来構想力というのは世界を変えていこうという意志です。既存の仕組みをうまく運用したり、既存の仕組みを改善・改良したりするのではなく、仕組みそのものを根底から変えていくのがイノベーターです。その意味で、序章で述べたとおり、決められた目標に向かって効率的に物事を運ぶマネジメントや、変化や障害を乗り越えて新しい方向に組織を率いていくリーダーシップとは異なった観点を持つ必要があります。

既存の仕組みの改良や改善ではない、より大きなソリューションとはどのようなものでしょうか。NTTの独占だった電話や通信のインフラを根底から覆す第二電電やイー・モバイルを創業した千本倖生氏、すべてのお金がデジタル通貨になる時代を見越したセキュリティソフトで新興国の通貨のデジタル化を支援する日本発のユニコーンであるGVEの房広治氏、「服を変え、常識を変え世界を変えていく」をビジョンに据えるユニクロの柳井正氏、宅急便を創業したヤマト運輸の小倉昌男氏、この章の後半で紹介する獺祭の桜井博志氏といったイノベーターの軌跡を思い浮かべてください。世の中の「当たり前」の仕組みを当たり前と思わず、既成概念にとらわれず、既存の規制の枠組みを変えてまでも、大きなソリューションで自分の思い描いた世界を実現してきた方々です。

価値提案、顧客との関係、チャネル、収益の流れなど、9つの要素で構成されるビジネスモデルキャンバスというものがありますが、彼らはこの9つのどこかでイノベーションを起こしています（図表1–3）。

例えば、ユニクロであれば新しい「価値提案」として、高品質で安価かつバリエーションのあるカジュアル服の提供を通して、アパレルの世界で革新を起こしています。獺祭やヤマト運輸は「顧客セグメント」の部分でイノベーションを起こし、日本酒を敬遠していた層を取り込む徹底的においしい日本酒や、個人向けの小口配送ニーズに対応した宅配便といった新しい市場を形成しました。こういったイノベーターたちが起こした変革を分析しつつ、自分のビジネ

図表1−3　ビジネスモデルキャンバス

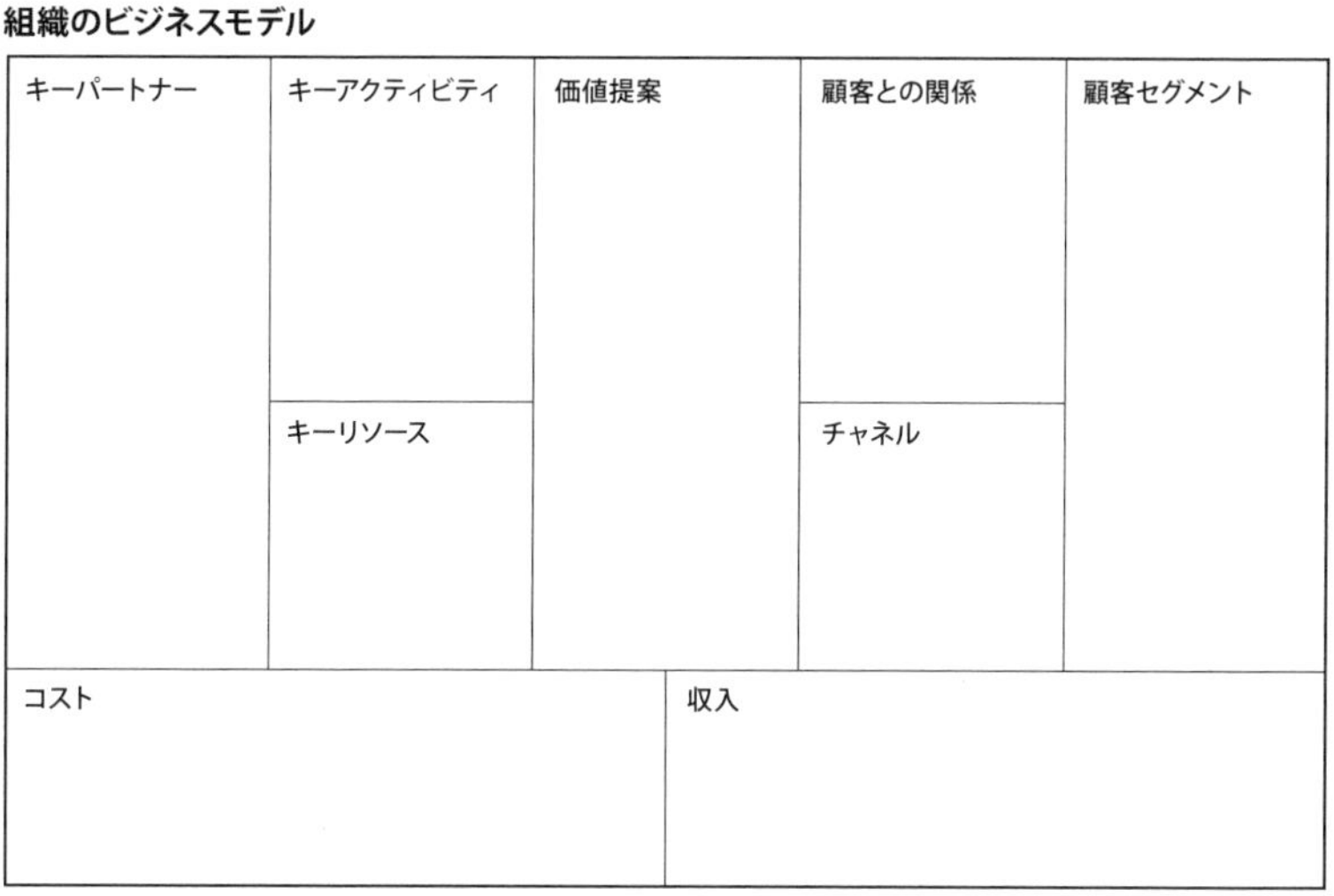

スモデルキャンバスを書き出すのもよい演習になります。

ビジネスモデルキャンバスのどこか1つの項目を「ひっくり返す」ことがイノベーションだと考えると、わかりやすいのではないでしょうか。自分はどこでイノベーションを起こすとＢＨＡＧを狙えるのか考えてみてください。

参考図書として、『世界最速ビジネスモデル　中国スタートアップ図鑑』（井上達彦、鄭雅方、日経ＢＰ）、『ビジネスモデル・イノベーション　知を価値に転換する賢慮の戦略論』（野中郁次郎、徳岡晃一郎編著、東洋経済新報社）『最強の戦略ツール　ビジネスモデル・キャンバス』（永島俊晶、ビジネス教育出版社）を紹介しておきましょう。

ＢＨＡＧにふさわしい大きなソリュー

ションにおいてもう1つ重要なのは、ルール形成が必要なほどの大きなインパクトがあるか、という観点です。世の中を変えているのかどうかの1つの指標として、今までの規制や業界のルールを変えざるを得ないほどの変化を生む商品やサービスなのかを見ることができます。ヤマト運輸の宅急便はまさにここにあてはまります。サービスを提供するために運送業のさまざまな法律を変えていきました。ダイキン工業は中国に参入するにあたって、中国市場で主流であった低価格なノン・インバーター型のエアコンに対抗するために、中国政府の省エネ推進政策をテコにインバーターエアコンを普及させ、格安エアコンに対してエネルギー効率の高いインバーターエアコンの市場を創り出しました。このようにBHAGにはルール形成を必要とするほどのインパクトも重要になります。

これからは市場や技術よりもルールや価値観で成長が左右される時代です。そこではビジョンや未来を見る力が求められます。BHAGを設定し、達成していくためには世界に視界を開いて誰もやったことがない場所へ行くことが必要です。それには勇気がいります。だからこそ知の再武装が欠かせないのです。

ルール形成を学ぶために、『競争戦略としてのグローバルルール』(藤井敏彦、東洋経済新報社)を参考図書としてお勧めします。

3

イノベーターシップストーリー No.1

「日本酒を世界の酒に」という未来を構想する

旭酒造会長
桜井博志

桜井博志氏は、「獺祭」ブランドの日本酒を製造している旭酒造（山口県岩国市）の三代目当主、現在は同社の会長を務めています。旭酒造は、徹底したデータ管理を通して杜氏のいない酒造りを追求しています。通年で仕込みを実施、さらには純米大吟醸に特化するなど、従来の酒造メーカーにはない大胆な酒造りを展開、大吟醸酒では日本トップの座を確立していることで知られています。「獺祭」は日本のみならず、世界的にも高く評価されており、売上高の半分は海外が占めています。

地方の弱小酒造メーカーであった旭酒造において、まさにゼロからイチへのイノベーションを実現させた桜井氏には、前著では「突破力」のロールモデルとしてご登場いただきました。しかし、その後は日本に留まることなく、「日本酒を世界の酒に」という新たな未来図を構想、世界展開を大胆に繰り広げています。

今回はそんな桜井会長の未来構想力に焦点を当ててみました。日本と世界における日本酒業界の中で、獺祭をどのように育てていきたいと構想しているのか、また獺祭というお酒を通してどのように新しい社会に関与していこうとしているのか、伺いました。

＊＊＊＊＊

徳岡：まず日本酒にまつわる最近の市場の動きと、その中で旭酒造はどのようにビジネスを展開されているのかを教えてください。

桜井：獺祭全体としての売上は引き続き伸びていますが、実はこの１年ほど、輸出は低迷しています。１つの理由は中国経済の失速で、それに伴って日本酒の需要も伸びなくなっています。もう１つの理由は、米国の状況が一変したことです。コロナ禍で米国の飲食業界は大打撃を受けましたが、その後のペントアップ需要もあってコロナ後の米国の飲食業界はバブルとでもいうべき状況になりました。それが一服したことも輸出の低迷につながっています。

こういった状況の中ですが、２０２３年９月に米国ニューヨーク州に国外で初めての酒蔵を開設しました。国外向けに立ち上げた新ブランド

▼プロフィール

桜井博志（さくらい・ひろし）
旭酒造会長

1950 年山口県生まれ。1973 年松山商科大学（現松山大学）卒業後、西宮酒造（現日本盛）で鍛錬を積み 76 年に旭酒造に入社したが、酒造りの方向性や経営をめぐって先代である父と対立して退社。79 年に石材卸業の桜井商事を設立。父の急逝で 84 年に家業に戻り、純米大吟醸「獺祭」の開発を軸に経営再建を図る。2023 年ニューヨークに酒蔵とテイスティングルームを開設、米国ブランド「DASSAI BLUE」を立ち上げる。

「DASSAI BLUE」の開発や製造の拠点とするつもりです。米国市場では3年から5年先に、日本円に換算して100億円程度の売上を見込めると考え、その状態をイメージした酒蔵にしました。よって、フル稼働すると、日本で生産している日本酒の約20％に相当する最大年間126万リットルを生産できる蔵になっています。

ただし、新たに立ち上げた米国市場でもそうですし、長年やってきている日本市場でも同じことですが、当社は短期的な売り上げは追い求めません。短期の数字を追いかけてしまうと、どうしても低価格で勝負してたくさん売ろうとしてしまいます。「低価格で普通の品質」というブランドのお酒を出してしまうと、スピード感を持って売上を伸ばすことはできると思いますが、ある一定のところで止まってしまうでしょう。

私たちの獺祭はそこではない、品質にこだわりぬいて、ブランドを育てていくことを重視しています。米国での酒造りも当社が最も重視している「品質」という面では目途が立ってきたといえます。まずは少量から始めて、徐々に生産量を増やしていく計画です。米国での売上100億円という数字は、高級ブランドとして確立すればこそ達成できるものです。

徳岡：世界的に見ると、アルコール飲料の中で日本酒の存在感はあまり高いとはいえないのでしょうか。

桜井：米国のアルコール飲料売上全体の中で、日本酒が占める割合はたったの0・2パーセントです。非常に低い数字ですよね。ワインがさまざまな国で飲まれているのに対して、日本酒は「和食のお供」にとどまっています。その理由を考えると、先発で米国に進出した酒蔵が低価格の競争をやってしまったことにも原因があります。短期的に売上を伸ばしたい、という事情があったのだと思いますが、米国のアルコール飲料市場全体から見たらこれ以上伸びないような状況ができてしまったといえます。

私たちはそのアンチテーゼとして、現地の食文化として定着する高級ブランドを確立していきたいのです。米国での醸造所オープンは、「世界に日本酒の文化を広める」という使命を果たすチャンスだと考えています。米国の酒市場における日本酒のシェアを考えると、今は伸びしろしかない状態です。

徳岡：低価格競争というのは、ある意味で日本企業の得意技ですよね。多くの業界でその路線に走ってしまって、短期的には安くて高品質という形で消費者に受け入れられボリュームが出るのですが、長期的には低価格ゾーンでの競争になり頭打ちになってしまいます。

桜井：昔だったら、低価格で良い製品を出せばそれでよかったのだと思います。いろいろなものが足りていない時代には、それがありがたがられたわけですよね。でも今はいろいろなものが有り余っている時代ですから、安ければいいというわけではないのです。とくにアルコール飲料は、売れる量さえ増えればいいというものではないですよね。

◉「日本酒を世界の酒に」というビジョン

徳岡：未来構想力という今回のテーマにフォーカスすると、桜井さんは昔から「日本酒を世界の酒に」というビジョンを持たれていますね。このところ和食も日本文化も世界的なブームになっていて、その中で日本酒にも注目が集まっています。「日本酒を世界の酒に」というビジョンの下で、具体的に何を目指されているのでしょうか。

桜井：ワインやシャンパンが日本でもそれなりに飲まれているのと同じように、世界の中で伍していけるような日本酒を思い描いています。

先ほど申し上げたように、アルコール飲料に占める日本酒の割合はほぼゼロに等しいほど限りなく小さいものです。今がほぼゼロなので、だから将来もダメなんだと悲観するのではなく、今がゼロでも「1」の市場を作っていけると思っています。優秀な経営者であれば「1」から「100」に育てていけると思いますが、「ゼロ」から「1」の市場を確立するのは難しいものです。ただ、この「1」を確立すれば、先行者利益が必ず生まれると考えています。

このようなお話をすると、獺祭のことしか考えていない、日本酒や日本企業全体のことを考えていない、といわれることもありますが、私は経営者ですから当たり前のことです。私たち獺祭グループが頑張って成長していくことが一番の目標です。それを見て他の酒蔵や日本の飲食業界全体が伸びていってくれたらそれはうれしいことです。結果的には新たな市場を作っていくということになると思います。

徳岡：そうですね。トップランナーが走らなければ周りの人もついていこうという気になりませんね。獺祭を世界の酒にしていくことで、世界の中で日本酒の市場を確立していくことにつながるはずだということですね。そういう意味で、獺祭の成功を通じて日本酒全体の未来を構想されているソートリーダー（Thought leader）なのだと思いました。

ところで、「日本酒を世界の酒に」というビジョンを掲げるに至った思いや経緯などを教えていただけますか。

桜井：獺祭の地元である山口という市場だけでは限界があるというのは最初から自明でした。その上、獺祭は山口の地元でも負け組で売れない酒蔵でした。力のない会社だからこそ、シェア競争や力で押していくような戦い方は無理でした。しかも、地元にとどまって他の酒蔵と同じことをやっていてはジリ貧になる、ということもよくわかっていました。

逆に、品質にこだわって本当においしい酒を造れば受け入れられる市場があるということを信じていました。純米大吟醸というお酒は当時まだ一般的ではなかったのですが、それに特化して広い市場を求め、山口から出て行くのは私たちにとっては必然のことだったのです。獺祭が東京市場で売れ始めるようになった頃に、東京という市場にとどまらず、さらに広い世界でも認めてもらえるのではないかと考えるようになったのです。

日本酒に限らず、高級品や嗜好品の世界はそもそものマーケットがどの国でも小さいものです。価値を保ちつつ成長するには、小さい市場で小さいプレイヤーがパイを奪い合って体力を消耗するのではなく、もっと販路を広く取っていけばいいじゃないか、と考えたわけです。こういう考え方は、ＬＶＭＨのような高級ブランドの戦略とも通じるものがあると思います。

●「どういう世界を創るのか」

徳岡：日本特有の工業生産力モデルでは、日本国内の延長で世界に出て行こう。さらにグローバルにシェアを拡大しよう、となりますね。その結果「安くていい品質のものを大量に売る」ことで世界を席巻していました。ところが、桜井さんのいう「世界」はこういった考え方とは方向性が違っていますね。「世界にどうやってまったく新しい、しかも高級な市場を創造するか」ということにフォーカスされています。量の勝負ではなく、価値観の勝負と言ってもいいでしょう。本当においしい日本酒を世界の人が認めるようになる世界観ですね。まさにイノベーターシップで重要な「どういう世界を創るのか」というところに明確な意図を持たれているのがわかります。

逆に、もし世界に打って出なければ、日本酒や日本酒業界の未来はどのようになると予想されていましたか。

桜井：50年前の日本酒の生産量は９８０万石でしたが、今の生産量は２００万石まで落ち込んでいます。２０２３年の１年間だけでも生産量が１割も落ちているのです。日本酒業界はとくに昔の護送船団方式の意識が強く、まだその意識を捨てきれていないように感じます。市場全体が縮んでいるのに、皆で一緒のことをやっていったら各社とも縮むばかりです。何か違うことを始めなければいけません。

最近は新たに酒造りに挑戦しようという若い人も出てきていますが、そういう酒造りベンチャーにも若干の危うさを感じています。もちろん、新しい挑戦は歓迎すべきものですが、今、酒造りに挑もうとされる方は投資家から資金を募って、それを元手にスタートされている方が多いように見受けられます。そうすると、どうしてもスピード感のある成長やわかりやすい売上拡大が求められてしまいます。

米国市場での酒造りでも同じような傾向があります。とにかく投資家を集めて、まずは日本酒を造ってマーケットを拡大していこう、という考え方です。

どんどん投資を呼び込んで、設備投資して、マーケティングにお金を使う。そして、そういうスピード感のある成長がまた新たな投資家を引き寄せる、という循環ですね。投資家からは結果を出すように求められますから、成長やスピードに意識が向いてしまうのは当然のことです。しかし私はこういうやり方には危うさを感じています。

私たちは獺祭で徹底的に品質を追いかけています。そうするとどうしても成長スピードを抑制せざるを得ません。投資家の言葉に乗ってどんどん拡大していけば、売上は伸びるかもしれませんが、そこには意味があるのか、本来の品質を保てるのか。目先の利益を追い求めてはいけないと思っています。
獺祭は日本酒業界でかなり特殊なポジションにいます。伝統的だと考えられている酒造りをある意味で無視しているところがありますから。しかし私たちにとって何より大切なのは「おいしいお酒」をお客様にお届けすることです。旧来の酒造りのやり方では満足できなかったからこそ、試行錯誤して新たな価値を提供しようとしているのです。

●農業の古い仕組みという社会課題へのアプローチ

徳岡：まさに日本酒業界の新しいあり方を創造しているわけですね。少し話題が変わりますが、イノベーターとは社会で皆が困っている課題に対してソリューションを提供していく存在であり、そういった社会課題の解決こそが新しい市場の開拓につながっていくと私は考えています。その観点で、桜井さんはどういった課題に問題意識をお持ちですか。また、ビジネス戦略や成長にどのように社会課題を関連付けて考えておられますか。

桜井：企業経営者の観点から申し上げると、社会に役立つものでないと長期的には生き残れない、と考えています。例えば、日本酒の原料である「山田錦」の農家がビジネスとして農業を確立していくことが獺祭の成功に直結するわけで、私どもには日本の農業について手当していきたいという強い動機があります。
経営状況が厳しい農家に良い品質の米は作れません。農業をやるからには利益の出る形で経営していきましょう、と農家には常日頃から言っています。農業を「後を継ぎたい」と思われるようなビジネスにする必要があるのです。当社では毎年1回山田錦の品質コンテストを実施しており、それに向けて当社に山田錦を納入してくださっている農家さんは必死になって品質を磨いてくれます。このコンテストで1位になるような農家はやはり相当の経営規模を持っていますし、先を見据えて効率的に農業をやっています。そういう農家は子どもさんも農業を継いでいます。

また、きちんと山田錦を卸してくれる実績のある農家には、こちらから仕入れ値を引き上げています。山田錦を作ってくださるからには、農家には利益を上げていただきたいですし、儲かる農家にしていくことが酒造メーカーとしての責任だと考えているためです。

徳岡：農家の平均年齢も上がってきていて、２０５０年には農家の数が今の10分の1になるといわれています。高齢者が細々とやっていく農業では今後立ち行きません。農業もビジネスとして成立させる必要があります。日本酒生産の古い仕組みを社会課題と捉えて、新しいエコシステムの創造という挑戦に踏み込んでいるわけですね。

桜井：山田錦を作っている農家でも、ある一定以上の耕作地や収穫量がなくて利益が出ていないところには、「山田錦の生産はもうやめたらどうですか、他の作物に集中したらいかがですか」と提案することもあります。農業もある程度集約して規模感を出さないとビジネスになりません。こんな提案をしたり、こちらから仕入れ値を引き上げたり。小さな農家が儲からない今の農業の仕組みからしたら、これは普通ではない提案ですよね。そういった抵抗感のあることでも、正しいと思えば、踏み込んでやっていきます。

●酒造りに手間をかける

徳岡：日本酒の原料を作る農家に目配りをする視界の広い経営をされている一方で、旭酒造はモノづくりを非常に重視していると理解しています。モノづくりと社会課題へのアプローチはつながっていますか。

桜井：今の社会では何かを積み上げて生み出していく現場の人よりも、効率的に業務を進める工夫をしていくマネジメントのほうが価値のある存在だと考えられるようになってきています。製造は一段下に見られているし、経営と現場が完全に分離してしまっています。しかし私どもは、徹底的に品質にこだわって、「おいしいお酒」を造り出そうとしていますから、モノづくりこそが酒蔵の中心であるべきだと考えています。

米国で獺祭を製造するのも、経営の効率化ばかりを追い求めている米国市場へのアンチテーゼといえます。米国で酒蔵をやっていく上で何が一番大切なのかをよく聞かれるのですが、その際、私は必ず「手間だ」と答えています。酒造りに手間をかけるんです。米国では考えられない答えかもしれませんね。

手間というものは現代の企業社会では無駄なものだと思われていますよね。何でも効率性を追求して、自社に足りないものは別のところを買収すればいいというやり方です。しかし、そうではないと思うんです。モノづくりに「手間」という概念をしっかり組み込むべきだと思います。とくに米国ではこの「手間」の考え方を日本以上に強調するようにしています。

徳岡：なるほど。手間というのは暗黙知から生まれる部分がありますね。手間をかけて何かを作る、というのは日本のモノづくりの真骨頂であったわけですが、おひざ元の日本でもその伝統が薄れてきている。そのような課題に対してのアンチテーゼが「手間」の再認識というわけですね。世界に出ていくにしても、別に量を取りに行くわけではない。日本酒の世界観をきちんと伝え、高い品質を訴求する旭酒造としては、米国でもやはりモノづくりのベースの部分からしっかり守っていくことが必要なわけですね。それも米国型経営へのアンチテーゼ、社会課題へのメッセージといえそうです。

桜井：日本企業が効率性を追求する米国型の経営をしていても、グローバル市場では勝てないと思います。日本人の価値観の根底に手間をかける心意気のようなものが残っていますから。それならそれで、真正面から手間をかけていく方向性を突き詰めていくほうが有利になるでしょう。そして、手間をかけて作った分だけ、きちんと価値を認めてもらって、それを高級品として高く売るべきなのです。

もちろん、無意味なところに手間をかけてはなりません。結果を無視して何にでも手間ヒマかけすぎてしまうのは日本社会の弱点でもあるのです。酒造りに手間をかけていますが、それが結果につながるように必ず目を配っています。手間をかけて、それで結果を出す。これこそ私たちが世の中に示していきたいことです。

◉イノベーションが起きない理由

徳岡：桜井さんは日本酒業界のイノベーションを起こされてきましたが、一方で、イノベーションがまったく起きていない酒蔵もありますね。日本酒の生産量は右肩下がりになっているのに、そういった酒造メーカーはなぜ反転させることができなかったのでしょうか。

桜井：大きな理由は、酒蔵が今の地位に安住してしまっていることです。まず、古くから続く酒造メーカーには大きな資産があります。最寄り駅から自社の酒蔵まですべて自社所有の土地だ、ということはざらにあって、日本酒は売れなくても資産があるからいい、と安心している面があると思います。

日本酒の生産量は50年前に980万石だったものが200万石に落ち込んでいます。その間3300社あった酒蔵は減ったとはいえ、いまだに1200~1300社もあります。なんだかんだ言って生き残っているわけです。これだけ売り上げが激減して日本酒の市場が縮まっているのに、経済的な淘汰があまり起きませんでした。個別の酒蔵が細々と生き残ってしまって、集約して活力を生む方向には行かなかったのです。

どうも日本の一部には酒造りにかぎらずすべての分野において、「小さくてもいい」「それなりにやっていればいい」という考え方があるようです。これも酒蔵にイノベーションが起きない大きな理由でしょう。

徳岡：そうですね。日本には「清く貧しく美しく」を良しとする風潮があります。しかし、ビジネス的には意味のない規模でだらだらと続けてしまうと、何も新しいものは生まれません。結局今あるものに固執するばかりで、世界に羽ばたいていくことはできません。いわゆるゾンビ化するわけです。こういった風潮へのアンチテーゼを提示されている桜井さんとしては、何に注目して経営されていますか。社会全体のトレンドをどのように捉えていますか。

桜井：先ほどお話しした「手間」に通じることですが、私どもはやはりモノづくりそのものに経営資源を集中しています。当社は2022年、製造スタッフの給与を今後5年で2倍にするという目標を立てました。モノづくりの企業なのですから、製造にフォーカスするという方向性を明確にするためです。マーケットを拡大するためにPRやマーケティングにお金と労力をかけるようにいわれることもよくありますが、そこには背を向けて、モノづくりに一生懸命になりたいと考えています。

旭酒造は日本酒の売上数量では全国11位です。ところが、製造スタッフの数は日本一です。

当社の製造スタッフは200名超、これに対して2位の酒造メーカーは100名に満たないんです。それだけ製造にフォーカスして、いいものを作ろうとしているということです。

国ごとに得意なものがあると思うのです。誰もが米国流の効率経営を目指したり、シリコンバレーのやり方を見習ったりしてよいわけがありません。日本には日本の強みが絶対にあるはずです。それが、手間ヒマをかけるモノづくりの姿勢であったり、ネジ1本でもなくさないきめ細やかさだったりすると思います。モノづくりに徹底的にこだわることで、世の中を良くしていけるというような意識を持つことが大切です。そういったものはジョブディスクリプションで徹底的に分業化してしまったら生まれてこないものだと思うのです。

●経験や勘ではなく、データで検証

徳岡：先ほど、「手間をかけるだけではなくて、結果を出す必要がある」とおっしゃっていました。桜井さんは酒造にもサイエンスの観点を取り込んで、データをきちんと追跡されています。杜氏の経験や勘に頼ってきた日本酒業界ではかなり珍しいことですね。

桜井：本当にいいモノを作るというのは、結果で勝負することです。そして、結果を追いかけていこうとするとどうしてもデータが必要です。なぜこれがよかったのか、なぜうまくいっていないのか、といったことはデータがなければ説明できません。経験や勘が頼りの酒蔵は、うまくいかない時は天候のせいにします。または、「まあ、仕方なかったよな」と社長に思わせるように社長を説得することにエネルギーを傾けます。自分たちの失敗を追求して、なぜうまくいかなかったのか検証しないんです。これでは次の結果につながりません。

失敗を認めるのは勇気のいることです。しかし、失敗を認めることで、そこからどうすればよいのかが見えてくるはずです。「そもそもうまくいくはずがない」という考え方ではなく、「うまくいっていないのなら、どうすればいいのか」という考え方を持てるようになるのもデータがあってこそ。データがあることで、自分の立ち位置を確認したり、トレンドを見極めたりしていくことにつながります。そういう意味では未来を構想していく力と深い関係があると思っています。

当社では一般的な酒蔵では把握しきれないレベルのところまで詳細にデータを取って研究しています。非常にシビアに条件を突き詰めていって酒造りをしようとしているのです。精度を厳しくしているために、逆にいうと、条件が揃わなければ失敗作が生まれます。

実際に、米国で最初に仕込んだ第1号タンクから第7号タンクまではすべて不合格になりました。もちろん、それなりの日本酒にはなっていたのですが、獺祭のブランドを冠して売り出せる品質に仕上がっていませんでした。後から検証すると、日本での仕込みと同じように精度を追求していたつもりでも、少しのズレがあったことがわかりました。どんなブレも許さない、最高品質の日本酒を追求していくと、やはりデータで検証していく必要があります。

徳岡：酒造りだけではなくモノづくり全般において、イマジネーションも重要だと思います。「こうなったらいいな」という思いや、データでは読み切れない想像力といったものです。そのあたり、桜井さんの頭の中はどのようになっていて、社員の方にはどのような刺激を与えているのですか。

桜井：とにかく何よりも「いいお酒、おいしいお酒を造って、それをお客様に届ける」という根本が大事だと思っています。それさえあれば、そのためにどうすればいいのだろうとか、この問題はどうやって解決していけばいいのだろう、といった答えはおのずから出てくるはずです。そもそもの部分で、そういった思いや気持ちがなければ問題なんて出てこないはずです。いいお酒を造ってお客様にお届けしたい、という思い、そんな夢がイマジネーションかもしれません。そういう未来への思いがあってはじめて、改善すべき問題、ギャップが浮き彫りになり、明確に意識できます。

私は現在、1年の半分を米国で過ごしています。なぜ会長がわざわざ現地に行くのか、社員だけでやらせればいいではないか、とよくいわれます。しかし、私が夢を語る姿や、リスクを取ってやっていく姿勢を見せないと、皆が挑戦しなくなると思っています。米国でも工場長を筆頭に日本酒造りの経験のあるスタッフを揃えていますが、経験があるがために失敗を恐れて、ほどほどのいいところで抑えてしまうリスクがあります。それではうまくいきません。当社がわざわざ米国で酒を造る意味がなくなってしまいます。だから私自身が米国に拠点を置いて、徹底的に現場に突っ込んでいくのです。それが品質の追求ということだと思います。

徳岡：そうやって会長自身が情熱を持って問題をあぶり出すことで、社員の想像力をかき立てチャレンジに向かわせるということですね。イマジネーションをパッションでレバレッジするといえそうですね。現場の方々も、普通にそこそこやっているのでは許されない、ということをひしひしと感じることでしょうね。

最後になりますが、これからのビジネスリーダーが未来構想力を高めていくためには、どうしたらいいのか、桜井さんからのアドバイスをお願いします。

桜井：社会の中で自分が何の役に立つのかということを徹底的に追いかけてほしいと思います。今の社会にはさまざまな矛盾や問題がありますが、それを自分がどうやって解決していくのかを突き詰めていくと、そこに自分のポジションが生まれてくると思います。とくにこれからは社会がますます厳しくなっていきます。とくに米国を見ていると、従前にも増して優劣の差がはっきりと出てくるようになっています。だからこそ余計に、自分が社会に対して何ができるのかを徹底的に考えることが大事になってきます。

＊　＊　＊　＊　＊

未来構想力を身につけるためには、社会に対して自分が何の役に立つのかを徹底して追いかけることと桜井さんは指摘されました。まさにイノベーターシップの真骨頂です。資本主義陣営の世界は、これまでのナイーブな「それいけ資本主義」の呪縛の中でどんどんと格差が広がり厳しい環境になっています。日本は日本で人口減少と高齢化で、どんどんとシュリンクし厳しくなっていきます。そこにこそ社会課題に向き合い事業で解決しようと挑むイノベーターシップ人材が求められるのです。

桜井さんは国内での獺祭の成功のために、国内の日本酒製造・流通のエコシステムを大きく変えて日本酒の未来を創造しました。そしてそれを世界でも実装し、日本酒の世界における未来の創造に挑戦しているのです。モノづくりという足元の大切さ、価値の源泉にこだわりつつも、10年先を見据えて世界に挑戦するというBHAGの高い目線も持たれています。10年後にはワインのように日本酒が世界の酒の地位をきっと変えていることでしょう。トレンド把握、社会課題視点、イマジネーションという未来構想力の3本柱を実践されている姿を読み取っていただけましたでしょうか。

第2章

実践知
——文脈に応じて最適な判断をしていく

CHAPTER 2

1　実践知とは何か

2　実践知を習得するトレーニング

3　イノベーターシップストーリー No.2
実践知を発揮して「修羅場」を乗り越える

1 実践知とは何か

実践知とは、既成概念、常識や風潮などの型にはまらず、個々の文脈に応じて最適な判断を直観的に下していく力のことです。成功、失敗や日常の経験を自分なりに解釈して、真善美の観点から物事の本質を捉え、次につなげる知恵としてつかみとることで、身につきます。

そもそも知恵とは、常識、予見、判断、自覚、そして道徳的勇気が組み合わさったものと都市研究家でジャーナリストのジェイン・ジェイコブズは指摘しています。そして適切な時に適切な場所で起きるとは限らないとも……。まさにそれを可能にするのが実践知なのです。

実践知を備えた人にはリスクを取って試行錯誤や挑戦に一歩踏み出し、その経験や失敗から学び、より良い次元への挑戦へと向かうラーニングの力があるのです。日常的に振り返りを行ったり、自身の価値観を磨くこと、他者との議論を通じて集合知を得ることなどをベースに、さまざまな経験を通じて、「今ここの時点で、将来を見据えて何をすべきなのか、すべきではないのか」、あるいは「今ここの時点で、将来を見据えて何が正しく、何が間違っているのか」といったことを的確に見通し判断する知恵が身体知として蓄積されていくのです。大勢や時流に流されない力、実践経験に裏打ちされた深い見識ともいえます。その意味で、実践知はまさに世界を変えるイノベーションに向かうための基本的な駆動力なのです。

より身近な環境でいえば、実践知とは、大きな思いと現実の制約を調整する力です。さまざまな枠組みや制約があっても、より現実的に動いていくためには目の前の状況・文脈に応じて適時適切な判断をしていく力が必要です。理論や法律といった外形的な制約を四角四面に捉えるのではなく、また、ルールどおりに杓子定規にものごとを運ぶのではなく、ある意味、融通無碍に、その場その場で最適な判断をしていこう、というものです。経験をもとに、柔軟に発想していく力だといえるでしょう。したがって現実をよく観察し疑問を持つことがベースになります。

コンプライアンスやさまざまな決まり事、社会の圧力や忖度など、現代社会では自由な発想や行動は生まれにくい土壌が揃っています。こういった制約によって現実が作られてしまっている経路依存症的な面もあるでしょう。イノベーターは、自身の原体験からくる本質的な問い(Essential question)や熱い思いを通じて、そういった既成事実に疑問を持ちます。今何が正しいことなのかを判断して、それをアクションに移します。それによってさらに深い実践知が磨かれていきます。

実践的な知恵は実践経験からしか生まれません。例えば、時間や環境の変化とともに、現実に即さなくなっている法律や社会のルールは変えていくべきですが、一方で、本当に変えていいものなのか、変えたほうがいいのか、といった「判断の確信」は経験から生まれるものです。教科書どおりにやってみてもうまくいかないことも、違うやり方を試したらうまくいくかどうかも、自分の実践経験に基づく直観ややってみてはじめてわかるコツがあってこそなのです。

ただし、ただ経験しているだけでは実践知は身につきません。起きたことを振り返り、自分としてどのような判断をしたのか、その判断に至った確信は何なのかを常に見つめ直すことが、本質的な問いに至るためには必要です。こういった努力を通じて実践知が蓄積し、多様な経験から得た洞察力が新しい世界の模索にもつながります。

また実践知はイノベーションに不可欠なセレンディピティを呼び込むと考えています。セレンディピティとは偶然の幸運といった意味ですが、ペニシリンの発見やポスト・イットの開発など、偶然が左右したイノベーションの事例には事欠きません。実践知は実践を通じて得る知恵なので、その根幹は実践を重視する行動主義です。行動主義がなければ偶然にも出会えません。また、行動を通じて他者との出会いも生まれますし、実践や経験からくる洞察・知恵こそ、賢い仲間を惹きつけるマグネットになり、出会いの質が高まり、セレンディピティにますます恵まれるのです。

実践知の概念をさかのぼると、アリストテレスの「フロネシス（Phronesis）」（英語ではPractical Wisdom）に行き着きます。一橋大学の野中郁次郎名誉教授の言葉を借りると、「文脈を読み、適時適切な判断を下す知恵」であり、本質直観力ともいえるでしょう。一般論や教科書どおりの理論ではなく、現実に即してタイムリーに的確な判断（Judgment）をするということです。そしてそこでは机上の空論や理屈ではない、経験の裏付けが何よりも重要になるのです。

◉実践知に求められる知恵、姿勢、洞察力

実践知の特徴を3つにまとめましょう。

1つ目は、**豊富で多様な経験からくる知恵であること**です。豊富な経験がなければ自分をあてにできずに、ルール頼みになり、思考停止してしまいます。語り継いでいけるようなプロとしての知恵や問題解決のコツを持っているでしょうか。これまでの成功体験やキャリアの中での逆境を乗り切った経験から何を学んできましたか。何かを実現しようとするときに必ず聞こえてくる雑音をどう跳ね返すのか。どんな状況に応じたどんな知恵を自分の引き出しに格納できていますか。こういったことを自分に問いかけてみてください。

2つ目は、**本質を追求する姿勢**です。本質を追求しない人はルールどおりや表面的な対応で楽をして済ませようとします。または、面倒を避けて保身に走ってアリバイ作りのために行動します。ルールどおりや杓子定規ではなく、例外や異常に臨機応変に対応し、信頼(Reliability)を得られているかどうかがリトマス試験紙です。「あなたがいるから助かった」「イレギュラー時に頼りになるのはあなただね」「普通にやっていては無理だったよ」「あなたなら何とかしてくれると信じている」と言ってもらえるか。そのような貢献が可能になるのは、ルールを多少逸脱したり例外を作ってでも、本質的に重要なのはこちらだとわかっているからなのです。そのためには常にことの本質を見ようとする眼差しが欠かせません。

3つ目は、表層的理解や一般論に終始するのではなく、自分なりの価値観、判断基準、持論、原体験、さらには自分の情報網から得られるユニークな知見やアングルを持って、**他者に**

はない感性で問題を感じ取る洞察力（Deep insight）を備えていることです。ある事件が起きた時にそれをニュースという時事ネタとしてだけ受け取るのと、自分が論説委員になったつもりでどういう社会的インパクトがあるのかを解説するまで深掘りすることの違いにたとえてもいいでしょう。

読書であれば、感想文どまりか書評まで書けるかともいえます。洞察力が身についているかどうか振り返るためには、「自分の価値観や専門に基づいて、自分ならではの視点や流儀を明確に持っているか」「現実に起こっていることや現場の思いや悩みを自分の目や行動でつぶさに観察しているか」といった点を確認してみてください。

自分の経験をもとに、自分としての価値観や仕事の流儀を持つことが重要なのです。例えば、コロナ禍でリモートワークが急速に広まりましたが、実践知という観点からは、この変化をどのように自分の進化につなげていくのかが問われます。リモートの環境では、身近なチームだけではなく海外や社外の人ともつながりやすくなった反面、コミュニケーション能力を高めていく必要があります。仕事のスタイルも変えていく必要があるでしょう。リモートワークという働き方で、どのように自分の仕事のスタイルや流儀を進化させ、自分なりの価値観や判断力を磨いているでしょうか。こういった自問自答が実践知につながります。

この変化の激しい世の中で、自分としてどの方向に向かっていくのか、自分らしい正義は何かを明確にしてください。半沢直樹や花咲舞の正義感にも通じます。実践知を身につければ、世界を変えることはできないかもしれませんが、世界の流れに容易に変えられてしまう自分にはならないはずです。チャンスが来れば、変化にもまれるのではなく、逆に変化を利用して次の自分や次の世界を作り上げていくことができるでしょう。そんな下地を作っていきましょう。

実践知を蓄積し、本質直観力を研ぎ澄ますことで、限られた情報しかなくても瞬時のうちに状況を判断し、なすべきことを導き出すことができるようになります。行為の本質についても考えが及ぶようになるでしょう。たとえば、一定のルールがあっても、特定の場面ではそのルールどおりではなく違う形でやるべきだと判断を下すことができます。逆に、表面上は問題がなくても本質的には良くないことがあれば、それを見極めることもできるはずです。**常識を疑い、より正しい方向へ「はみ出す力」ともいえます。**

イノベーションとは既存の枠組みから「はみ出す」挑戦のことですから、まさに実践知のなせる業なのです。目的に照らして自分の挑戦の正当性を検証し、正しいことであると納得した上で一歩踏み出すことが不可欠です。アリストテレスも実践知には「良い目的」が欠かせないと説いています。真善美に向かっていくための知恵なのです。それがなければ、既存から「はみ出す」行為を正当化できなくなってしまいます。**理論上は不可能だと思われても、周りの皆がやっていることと逆行しても、それでも正当性を信じてイノベーションに突き進む力、それが実践知なのです。**イノベーションの目的や正当性をじっくりと考え抜き、自分の理念に自信を持てるような判断力を形作ってください。自分自身の判断や行動の10カ条のようなものを紡ぐのが一案です。

図表2−1　Practical Wisdom

- ほどよいバランス
- ルールやインセンティブにとらわれない
- 絶妙の判断力（Judgment, context driven）
- 現実の肌感覚を大事に
- 人としての正しい行い
- 共感を得られるか
- 倫理、共通善、持続可能性
- ジレンマに向き合う
- Moral talk ＞ Rules talk
- 少しずる賢くルールから逸脱（Canny outlaw, realism）＞ 杓子定規
- 自分を信じる、心の声を聴く
- 自分の信念
- 自分らしいリーダーシップ（Authentic leadership）

●ルールやインセンティブにとらわれない

図表2−1では、心理学者バリー・シュワルツ、ケネス・シャープの『Practical Wisdom（邦訳『知恵：清掃員ルークは、なぜ同じ部屋を二度も掃除したのか』）』で解説されるアリストテレスの実践知のポイントを挙げています。さまざまな角度から解説されていますが、そのエッセンスを私なりにまとめたものです。

ルールトーク（Rules talk）とは「こういう決まりになっているからこうする・しない」、モラルトーク（Moral talk）は「こうあるべきだからこうする・しない」という物言い、思考パターンです。どちらが知恵のある思考かは明らかです。

とくにこの表の中でも、「ルールやインセンティブにとらわれない」という点にここでは注目したいと思います。普通の人間が「ルールだから」とか、「行為の結果、お金や昇進といったイ

ンセンティブが得られるから」といった動機で動くのに対して、イノベーターは、ルールどおりではうまく行かない場合はルールを無視するし、インセンティブでどこまでも釣られるのではなく、みずから善悪を判断して立ち止まります。マネー資本主義に浮かれるのではなく、強欲資本主義にも染まらないスタンスを保ちます。この差が実践知の有無なのです。ルールがあっても現場ではそれに当てはまらない例外はあるはずですし、インセンティブだけを追い求めると歯止めが利きません。

ルールやインセンティブに縛られてしまうと、自ら判断する知恵を失い間違った方向に突き進んでしまう可能性があります。そこで失われるもの、それが人としての知恵であり、新しい方向を提起しイノベーションに結び付ける実践知なのです。

またシュワルツの指摘の中の、「少しずる賢くルールから逸脱（Canny outlaw, realism）＞杓子定規」というのも言い得て妙です。コンプライアンスと成果主義が厳しい昨今では、失敗は許されずリスクテイクが掛け声ばかりになってしまいがちです。本筋に立ち返ったらおかしな忖度はいくらでもあるのに敢えて挑戦しない風潮がまかり通っています。マキアベリは忠誠を軸に君主論を展開していますが、そこではいかにして忠誠を勝ち取るか、買い取るか、教え込むか、恐怖で培養するか、みずからに他者への忠誠から寝返らせるか、他者を転覆させるか……、まさに忠誠のための手練手管を検討しています。実践知とは言ってみれば、真の目的に照らしていかに自分の知恵を働かせ切るかということに尽きるのです。

実践知を備えたイノベーターは、ルールの有無にかかわらず、またインセンティブがあってもなくても、自分のモラルに照らして、自分の信じることを語り、実行します。自分が正しいと思うことを信じてやり切るのです。そのためには自分なりの経験や学習の裏付けが必要です。学ばない人、経験しない人には、何も起こすことはできません。新しい時代を築きイノベーションを起こしていくためには、「自分には経験に基づきモラルを反映したどのような実践知としての思考パターンや行動原則が備わっているのか」を問い直す必要があるでしょう。

◉中小企業に学ぶ実践知

実践知について具体的に知るには、生き残りや事業承継、新たな市場や商品を伴うブレークスルーを経験した中小企業のケースから学ぶことができるでしょう。人手不足、伝統的な職人のこだわり、社員の高齢化、地元のしがらみ、デジタル化への乗り遅れ、海外進出への足掛かりがない、経営の近代化が進まない、後継者がいない……など、中小企業はそれぞれに固有の課題を抱えています。こうした幾重もの困難に直面しながらも、諦めずに事業を発展させている中小企業はいくらでもあり、こうした中小企業の生き方にこそ実践知が如実に見て取れます。

大企業の場合は、何らかの困難があっても組織の力で押し切っていくことが可能かもしれません。圧力で黒を白と言いくるめるかもしれません。また、大企業のビジネスパーソンは業務が細分化され、しかも短期の成果が問われる仕事に追われ、組織のヒエラルキーの中で十分な実践知を詰めないままになっている可能性もあります。中小企業のビジネスパーソンはまさに裸一貫で困難を切り抜け、そのたびに実践知を積み増しているのです。

日本に存在する337万社の企業のうち、99・7％にあたる336万社が中小企業（中小企業基盤整備機構調べ）です。また、日本には100年以上続く老舗企業も4万社以上ありますが、そのほとんどが中小企業です。歴史の風雪をあの手この手で乗り切り、世界市場で圧倒的シェアを誇るような世界企業になっている場合もあります。序章で紹介した浅井農園や環境大善のように新たな分野に進出する企業も多数登場しています。『Forbes』誌は、意欲ある中小企業を「Small Giants」として表彰しています。こういった中小企業の事例から実践知とは何か、それぞれが実践知をどのように身につけていったのかをぜひ学んでください。

●実践知を獲得するプロセス

では、こうした実践知はどのようにすれば獲得できるのでしょうか。獲得するパターンを考えてみると、合理的目標追求型のロジカルアプローチに対して、エフェクチュエーション的な不確実な状況下での探索型アプローチで試行を重ねてこそ、実践知は生み出されます。ただ、まったくの出たとこ勝負の探索行動ではなく、組織や成長についての理想の姿を追求するという点では、論理性も重視する必要があります。そういう意味では、ビジョンドリブンだが、考え続け、「今・ここ」での可能性・偶然性・閃きを重視しながら、自分らしい落としどころを見つける次のようなプロセスが重要です。

①人間性や持続可能性、バランス感覚のような人や組織に対する向き合い方のビジョン（組

織とはこうあるべきではないのか？　正義や信頼が最上位概念ではないのか？）。
②身のまわりの日常以外の経験や観察（現実にはこういう事態が起きているのか！）。
③そこから感じられるもやもやとした問題意識・仮説（このままではまずいな。でも実際の場面ではどうしたらいいのだろうか？）。
④そのもやもやに光を与える出会いや情報などの気づき（日頃からの問題意識のアンテナに引っかかる）。
⑤そこからスパークされる閃き（正しい判断は○○ではないか！）。
⑥その閃きを正当化する相談（誰かに問いかけてみる）。
⑦閃きの仮説検証・Pros & Cons（実験、調査、シミュレーションなど）。
⑧学びの内面化・形式知化（自分の信じる行動をとった結果からの気づきや反省から自分の知見を研ぎ澄ます）。
⑨自分なりの理想の状態への実践知活用の自信獲得（それでいいのだ！）。

そしてさらに深めるために他の事象へ敷衍し①に戻る。

こういった知的プロセスを通じて、自分ならではの本質直観力を獲得し、実践知を蓄えていくのだと考えています。ただ単に経験を積むのとはだいぶ異なるスタンスなのです。

以下ではそのような実践知獲得プロセスで役立つトレーニングを紹介します。

2 実践知を習得するトレーニング

●実践知を習得する基本トレーニング

実践知を習得する基本のトレーニング方法として、①実践知シミュレーション、②名言集に学ぶ、③SECIキャリアモデルを活用する、という3つの方法があります。

①実践知シミュレーション

「あの時、あの人はどう動いたのか」をなぞるのが実践知シミュレーションです。例えば、スティーブ・ジョブズはどのようなことを経験し、難題の解決にどのような思考プロセスを用い、どのような成功や失敗をしたのか。歴史を学んだり、いわゆる名経営者や名政治家の評伝を読んだりして、そこから学びとることができます。企業の事例集も参考になるでしょう。

前著では、IBMのV字回復の物語『巨象も踊る』(ルイス・ガースナー、日経BPマーケティング)や、スターバックスのビジネスモデルの創造と破壊を描いた『スターバックス成功物語』(ハワード・シュルツほか、日経BP)、『スターバックス再生物語　つながりを育む経営』(ハワード・シュルツほか、徳間書店)、ノルマンディー上陸作戦を指揮したアイゼンハワー大統領の判断力を描き出した『史上最大の決断――「ノルマンディ上陸作戦」を成功に導いた賢慮のリーダーシップ』（野中郁次郎・荻野進介、ダイヤモンド社）などを参考図書として挙げました。他にも数多く挙げていますので、1冊でも2冊でも手に取って読んでみてください。

②名言集に学ぶ

名言とは、それぞれの道で成功した人が自らの生き方、判断、行動指針、教訓、反省をレトリックの利いたフレーズにまとめたものです。発言の背景にあるその人の思いを想像することで、伝えたかったメッセージから学ぶだけではなく、「自分ならどうするだろう」と自分自身に問いかけることもできるでしょう。自分のお気に入りの名言をいくつか用意しておきましょう。

③SECI（セキ）キャリアモデルを活用する

知識創造のSECIモデルを自分に当てはめて考える演習も有効です。SECIとはSocialization（共同化）、Externalization（表出化）、Combination（連結化）、Internalization（内面化）の頭文字を取ったものです。言葉になっていない暗黙知と伝達可能な形式知を相互に働かせて、学びや習得したものをコンセプトとして確立し、それをより大きな知と組み合わせて、それを確信としてさらに磨いたり、他者に受け継いだりすることです。暗黙知の共同化が経験の蓄積であり、その後のE、C、Iのステップで、暗黙知を言語化し、拡大し、実践から

図表 2-2　SECIキャリアモデルで自分の知を磨こう

SECIキャリアモデルとは

キャリア形成を人生にわたる知の創造プロセスとして捉え、周囲との豊かな関係性を育みながら、自分の知（実践知・専門知）の深さ、幅、強さを磨き、自分ならではのウリを作っていくためのキャリア開発モデル

	SECIモデル	SECIキャリア	大体の年代層	ポイント
S	Socialization（経験・蓄積）	暗黙知を徹底的にため込む 何でも経験しまくる	20代	何事も嫌がらずに挑戦する 知的基礎体力を身につける 疑問を持って学ぶ
E	Externalization（専門・流儀）	経験を形式知化し、自分らしさを築く 自分ブランドを創る	30−40代	自分の専門分野、価値観 自分なりの理論、仕事の流儀を明確化する
C	Combination（展開・拡大）	安住せずに枠を拡大する 他部門、他分野、海外… 大きな勲章プロジェクトを実行する	40−50代	修羅場プロジェクトをこなす 大学院で学びなおす、副業 人生のロールモデルを見つける
I	Internalization（継承・発展）	人生の先達としてのロールモデルになり、若手を導く 知を集大成し、継承する	50−60代以降	テキストを編纂する、講演をする、論文をまとめる、本を書く、社会貢献、起業

学ぶ知に昇華させていくプロセスです。このSECIモデルを人生のキャリアに見立てて応用したのがSECIキャリアモデルです（図表2−2）。

人生の中で自分はどんな知を経験的に吸収し、キャリアの中で活かし、体に染み込ませてきたでしょうか？　SECIキャリアのステップごとに自分の知の厚みを確認しましょう。

Socialization（経験・蓄積の獲得のフェーズ）は仕事の進め方の感覚を身につける段階です。キャリア駆け出しの段階で、仕事の直接体験を通じて暗黙知を潤沢に蓄える時代です。コスパ重視の今の時代に嫌われがちな下働きの価値は実はこの点に

あります。豊富な暗黙知を溜め込むためには下働きや力仕事を厭わずそこから学ぶ姿勢が大切です。

Externalization（自分なりの専門・流儀の形成のフェーズ）は自分のキャリアをどのように構築したいのか、どのように生きていきたいのか確立していく段階だといえます。前の段階で得た暗黙知を自分なりに料理して自分の知の体系をコンセプト化する時代です。自分らしさを追求します。

Socialization（経験・蓄積）とExternalization（専門・流儀）までが土台づくりです。その後、ユニークな自分の立ち位置を確立していくために、Combination（展開・拡大のフェーズ）の段階で、これまで蓄えた専門性を他の分野の専門知と連結したり海外で活用したりすることで、より幅の広い分野で活躍していきます。

その際に重要なのが実行力です。思いをより大きなカタチにしてこれまでなかったような価値を生み出せるかどうか、ということです。それゆえCombinationではスケール感が大切です。自分の未来をどうやって作るのかについての想像力がものを言います。違う世界への扉を開けるという意味では、ジョブローテーションや転職など自分を越境させる価値がここにあります。

そしてInternalization（継承・発展のフェーズ）において、多くの実績を内面化し自分の知恵の集大成を行い、後進へつないだり、自分の新しい人生への扉を開いたりします。

従来のキャリアの観点では、20代がS（Socialization：経験・蓄積）、30代がE（Externalization：

専門・流儀）、40代がC（Combination：拡大・展開）、50代がI（Internalization：継承・発展）でした。卒年管理がなくなり、抜擢人事もある今の時代は、自分からポストを取りに行くのが当たり前です。ライフシフトが当たり前の時代では、このSECIキャリアモデルを高速回転させて人生の中で何度も回すことができます。

SECIキャリアモデルを10年刻みではなく、5年刻みで計20年、いや3年刻みで12年で一周ということも可能ですし、人生のイノベーションの総量としては効果的でしょう。どんどん循環させ、そのたびにレベルを上げていくのです。

この時重要になるのがIの段階です。1周目のサイクルを振り返り、2周目に向けてのスタートラインを確立するのです。そういう意味で、Iの段階、すなわち2周目へ向けての知の棚卸しとアップデートのために重要となるのが、実践知の豊富な教員と異業種の人たちとの議論を通じて自分の知を客観化、体系化できる場としての社会人大学院の活用だと私は確信しています。

●実践知を進化させる上級トレーニング

実践知をさらに進化させるトレーニングの上級編として、3つの手法を提案しましょう。①マイロールモデルを持ち体当たりすること、②実践経験のポートフォリオを増やすこと、③自分の実践知からくる判断基準を言語化することです。

①マイロールモデルを持ち体当たりする

実践知のシミュレーション第2弾は本を超えて生の知見を得る「体当たり」です。あの手この手の工夫をしている実践知豊富な人を見つけ、真似るのです。真似るというのは、経験から学ぶことと共通します。本から得る知識だけではなく、真似ることを通して直接体験しましょう、という提案です。実践知は体験を通じて身につけるものですが、自分1人の体験はどうしても狭い範囲に終わってしまいがちです。自分の限界を乗り越えるためにも、他人を観察しながら実践知を吸収していきます。

日頃時間を共にする仲間や先輩、顧客などの発言や行動、発想、資料などから実践知を盗むこともできます。ロールモデルと定めた人がどのような発想や行動をし、どのような資料を作っているのか、その人なりにどのように状況判断をしているのかを抽出します。日頃から人の発想や行動、その背後にある思想に意識を向け、人を観察する姿勢と視点を持って人と接してください。

そういう意味では、テレビドラマや映画からも学ぶことができます。役作りをしている俳優たちが何を表現しているのか、どのような役を演じているのかを考え、ストーリーの中での会話から学ぶことができます。自分だったら何と言うか、どうするのか、どうやって真似できるのか、といったことにも思いを巡らせることができるでしょう。

ロールモデルはもちろん、毎日の何らかの出会いや気づき・発見・驚きをセルフコーチングの手法で振り返るのも有効な手法です。1．今日の出会い・できごとで気になったこと、2．

図表2-3　セルフコーチングワークシート

月　　日(　)

1. 今日の出会い・できごとで気になったこと	2. 気づきの深掘り（何を思ったり、考えたのでしょうか？）
3. 真似してみたこと、真似しようと思うこと	4. 今後の自分に活かすとしたら？（夢や具体的な課題につながるか）

セルフコーチングワークシートの例

7月14日（日）徳岡

1. 今日の出会い・できごとで気になったこと アムステルダムやバルセロナなどスマートシティによる未来型都市づくりが世界で始まっている。一方、アブダビのマスダールシティはコロナの逆風にも耐えつつ化石燃料を使わない未来都市のスタンダード作りに余念がない。世界の大企業を惹きつけて、スマートシティを進めている。一方の大震災後の日本はといえば、今も盛り土10メートルを行っているだけ。能登ではその学びが活かされず、復旧が遅れている。この差は何なのだろうか。	2. 気づきの深掘り（何を思ったり、考えたのでしょうか？） まず考えさせられるのは、戦略思考、未来志向の差だ。地域経済、社会をどうやって維持していくか、中長期を睨んで街づくりの戦略を明確にしている。そして、外国のマネーや企業を巻き込んで、レバレッジを利かせた街づくりをしているダイナミックさ、またその際に増える多様性、複雑さを仕切っていくリーダーシップとスピード感だ。日本の特徴である、こぢんまり、自前主義、遅さが象徴的だ。
3. 真似してみたこと、真似しようと思うこと 日本は課題先進国なのだが、課題解決先進国にならないと意味がない。 課題解決のためには、いまや、トランスサイエンティフィック、クロスファンクショナル、オープンイノベーション、ダイバーシティなどがカギとなっているのは自明だ。大きく考え、多様な知見で、流れを作らないといけない。その差をまざまざと見せつけられた思いだ。	4. 今後の自分に活かすとしたら？（夢や具体的な課題につながるか） なぜ、日本企業や日本人が、このような多様な間柄を築くのが下手なのか。 語学の問題、発信力（中身も含め）の問題、相手をリスペクトし理解しようという姿勢、論理思考、ビジョン構築力など、より大きな課題に挑む志を持って間柄づくりに敷居を感じない人材づくりに貢献したい。

気づきの深掘り（何を思ったり、考えたりしたのか?）、3．真似してみたこと、真似しようと思うこと、4．実践知として今後の自分に活かすとしたら?、という項目を4つのマスに埋めていく作業で、1日の出会いを実践知のアングルで切り取る演習です。セルフコーチングの具体的なやり方は前著で紹介していますので参照してください。

自分なりに、「こういう状況ではこうするとうまくいった」という体験を忘れないうちに書き溜めて、それを積み上げていくのです。さらに、振り返りながら、学んだことを集約したリストにしてストックしていくと、自分なりの実践知の引き出しができてきます。

私の共著『なぜ、学ぶ習慣のある人は強いのか? 未来を広げるライフシフト実践術』（日本経済新聞出版）では、イマジンネクストの代表取締役社長、笹川祐子氏を取り上げています。彼女はキャリア形成の中で人脈をとても大事にし、いろいろなセミナーに参加したそうです。そして、参加したセミナーで講師が勧めることはすべて実行したのだそうです。毎日セルフコーチングをしなさいと言われたら、必ず実行する……。そして、その結果を講師に見せる＝体当たりすることを繰り返したそうです。講師も「本当にやったのですか!!」と驚き、普通ならば、つながることが難しい先生たちとしっかり信頼関係が築けたそうです。凄まじい体当たりぶりです。

実践知を身につける上で、人脈や出会いは非常に大切です。真似る相手を見つけ、学びを提供してくれるロールモデルが増えていくと、自分の実践知も広がります。自分とは異なる経験や見方を意識的に仕入れていきましょう。

手前味噌になりますが、多摩大学大学院ＭＢＡコースでは、授業で理論を学び、それを仕事で活かし、そこから得た経験や学びをまた教室で議論する、という理論と実践のラーニングサイクルを高速で回転させて、院生の皆さんに実践知を学んでいただいています。人脈を広げて自分の知恵を昇華させ、そして腹を割って話せる仲間に巡り合うためにも、社会人大学院を利用するのもひとつの手でしょう。

②実践知のポートフォリオを増やす

ロールモデルは他人を真似ることですが、ここでは自分が経験する領域をいかに広げるのかについて考えます。**ポートフォリオを増やす最もわかりやすい方法は、異動、転職、副業、シャドーワークなどを通して人生の可動域を広げていくことです。**法政大学の石山恒貴教授は、自分が慣れ親しんだ「ホーム」と、そこから離れた「アウェイ」を行き来することの大切さを説いています。身体知として自分の体に「アウェイ」を取り込むことで、適時適切に文脈に合わせた判断ができるようになるのです。異なる価値観や経験を取り込むことで、「個人内多様性（イントラパーソナルダイバーシティ）」を高めることができるということです。

副業やシャドーワークの本質は、「アウェイ」の場において自分の実践知を磨くことです。見ず知らずの場や関係性の中で、前提や文脈を共有しない人を相手に、自分の考え方が試されることになります。非日常の中で自分の実践知が通用するのかどうかを試し、その経験を通じて対応力を広げることができます。

パーソル総合研究所の調査によると、副業を容認する企業の割合は2023年に60・9%まで高まっています。一方で、正社員が副業を実施している割合は7・0%と、ギャップが大きいことが示されています。せっかく会社が認めているのですから、「本業が忙しい」を言い訳にせず、実践知を高める目的を意識して、副業という越境体験を積極的に求めてください。

シャドーワークとは、日常の役割や責任以外に、自分で必要だと判断してやっているあらゆる活動のことを指します。実践知を高める観点からは、①本業とは必ずしも密接に関係しないもの（例：ボランティア活動、海外旅行）、②本業と隣接した領域において、本来の業務ではないものの先行して研究や勉強に取り組むもの（例：自動車のエンジニアが本業である人が未来のモビリティについて研究する）、③本業の通常のプロセスと異なる進め方を試すもの（例：通常のコンセンサスプロセスを飛ばして、トップに直訴する）、といった3つのフェーズがあります。

フェーズごとの詳しい解説は拙著（『シャドーワーク　知識創造を促す組織戦略』一條和生との共著、東洋経済新報社）をお読みください。いずれにせよ、シャドーワークの達人になるには、与えられたことや決められたことからはみ出しても、「面白そうだからやってみよう」という好奇心を持つこと、さらには、本業にすべての時間を取られないようにするタイムマネジメントが命です。

人事異動も積極的に受けてください。ジョブポスティングがあれば手を挙げましょう。専門性を深めていくことも大事ですが、人生100年時代のマルチステージ型人生が必要な時代に

図表2-4　異動で得られる経験の広がり

①自分の主たる専門分野⇔他部門
②スタッフ⇔ライン
③本社⇔工場や営業などの現場
④親会社⇔子会社、取引先、業界団体
⑤大企業⇔中小企業、スタートアップ
⑥自業界⇔他業界
⑦企業⇔NPO／NGO
⑧企業⇔官公庁
⑨日本⇔海外（先進国・新興国・途上国）
⑩首都圏・大都市圏⇔地方

おいては、なるべく多様な経験をしておいたほうが、人生戦略を立てやすくなります。異動先にもさまざまなものがあります。

図表2-4で自分のキャリアの中で、どれだけ多様な経験ができているか考えてください。異動の経験は学びの機会を強制的に与えられるわけですから、都度の新しい環境で即座に学ぶという学びのスキルを身につけることもできます。そうした経験を通じて、環境変化にもレジリエントに対応できる、つまり、実践知が身についた人になれるのです。

日本の企業は現場主義を採用しているところが多く、一見すると実践知を蓄積しやすそうです。ところが実際には、自社だけの内輪の世界で、しかも国内に閉じているだけではなく、組織も縦割りのことが多く、自分中心の杓子定規な対応をする場面が多いのではないでしょうか。これでは思考停止に追い込まれてしまいます。**単なる現場力ではなく、未体験のゾーンで遭遇するさまざまな事象に適時適切な**

図表2‒5　共感力を高める3つのシフト

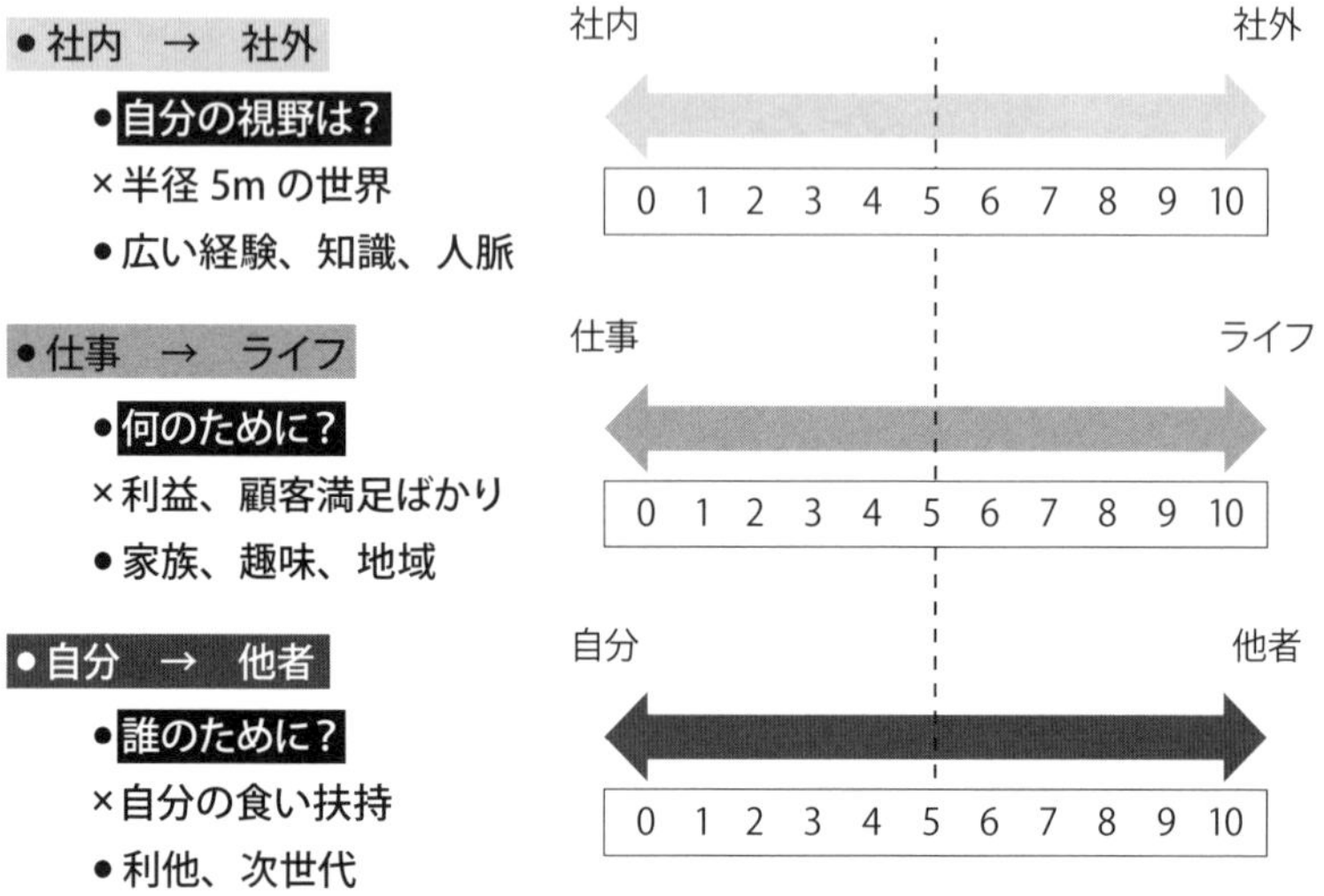

対応ができる幅広く柔軟な現場力を身につけてこそ、イノベーターです。

異動やシャドーワーク、副業などを通して多様な経験の幅をさらに拡大することで、さまざまな人と知り合う機会にもめぐまれます。そうやって広がった人脈もうまく活かしてください。経験と人脈の幅が広がることで、自分の狭い殻を破っていくことができるでしょう。

その際、自分なりの軸を持っておくとより効果的です。そういった自分の判断軸は、キャリアの中で形成されてくるものですが、仕事中心、会社中心、自分中心の極めて狭い世界で実践知を蓄積してしまっていないか、もう一度自分を点検してください。もしそうなっていたら、その呪縛を「アンラーニング」する必要があります。会社ではなく社会、仕事ではなくライフ、

図表2-6　レジリエンス力をチェックする

- ☐ 1. 自分の仕事への思い（仕事で成し遂げたいこと、身につけたいスキル、自分の価値、将来の夢）が明確で、その思いを大事にして毎日を生きているか？
- ☐ 2. 他者にはない自分らしい知恵を磨く努力をしているか？
- ☐ 3. 自分を楽にしようとして行動範囲を限定することがないように気をつけているか？
- ☐ 4. 自分が失敗して損をしないために受け身になってしまい、チャンスを見逃すことがないようにしているか？
- ☐ 5. 忙しさを理由に、本当はやらないといけないことを避けたり、先送りしないように努力しているか？
- ☐ 6. 自分の経験を振り返ったり反省し、次に活かしているか？
- ☐ 7. 多くの本を読んだり、映画などを観て、いろいろな人の生き方を学んでいるか？
- ☐ 8. 問題があっても、あきらめずにあの手この手で対処しているか？
- ☐ 9. 問題を一人で悩んだり抱えこまずに相談できる仲間がいるか？
- ☐ 10. 人から学ぼうと、いろいろな人から積極的にアイデアを求めているか？

1：まったくだめ　**2**：なかなか難しい／あまり当てはまらない　**3**：努力していてまずまず　**4**：完ぺきとは言えないが普段から意識して十分できている　**5**：自信あり。完璧

自分ではなく他者に目を向けるのです（図表2-5）。

そうした広がりに自分はどこまで対応しているのか、キャリアのレジリエンス力をチェックして、自分が日常に実践知を学ぶ習慣ができているか確認するのもよいでしょう。

図表2-6のチェック表で、各設問に5点満点で、枠内の基準にしたがって自己採点してみてください。少なくとも合計で35点以上は目指しましょう。

③自分の実践知からくる判断基準を言語化する

ロールモデルを真似て実践知につながる経験を積み、シャドーワークや副業などで実践知の幅を広げたら、次はそれを言語化する努力をしてください。SECIモデル

図表2−7　日清10則

1. ブランドオーナーシップを持て。
2. ファーストエントリーとカテゴリーNO.1を目指せ。
3. 自ら創造し、他人に潰されるくらいなら、自ら破壊せよ。
4. 外部の英知を巻き込み、事業を加速させよ。
5. 純粋化した組織は弱い。特異性を取り込み、変化できるものが生き残る。
6. 知識と経験に胡座をかくな。自己研鑽なき者に未来はない。
7. 迷ったら突き進め。間違ったらすぐ戻れ。
8. 命令で人を動かすな。説明責任を果たし、納得させよ。
9. 不可能に挑戦し、ブレークスルーせよ。
10. 仕事を楽しむのも仕事である。それが成長を加速させる。

（出所）日清食品グループHP

のI（Internalization：内面化）にあたるプロセスです。実際の行動を通して、何が重要なのか自分で気づいたことがあればそれをまとめ、経験から得た暗黙知を言語化します。実践や経験を通して得た気づきを自分なりに磨き、イノベーションに活かせるように自分の知恵をまとめ上げていく作業になります。

多くの企業がミッション、ビジョン、バリューを言語化して外部に提示していますが、個人も同じことができます。実践知とは企業が掲げる「バリュー」に近いものですが、よりパーソナルな成功の方程式といえましょう。書き出したものをベースに、仮説検証を繰り返してさらに磨きをかけて改訂版を作っていきましょう。

自分の行動指針を5〜10カ条程度にまとめるのも、よい演習になります。どのような体験に裏打ちされているのか、どのような自分でありたいのか、どのような時にその行動指針を発揮したいと考えるのか、明確になることでしょう。

筆者も自分自身の実践知を言語化してみました。①迷ったらやる方向で検討する、②やるなら素早くやる、③知らないことにも関心を持つ、④いろいろな角度で考える、⑤くよくよ悩まない、という5カ条になりました。企業であれば、「私たちはコーヒーを売っているのではなく、コーヒーを提供しながら人を喜ばせる仕事をしているのだ」とうたっているスターバックスの「グリーンエプロンブック」や、日清食品グループの「日清10則」などが参考になります。事業にとどまらず個人の行動指針としても十分に参考になるでしょう。

3 実践知を発揮して「修羅場」を乗り越える

イノベーターシップストーリー No.2

トレンドマイクロ
CFO（最高財務責任者）兼副社長
マヘンドラ・ネギ

マヘンドラ・ネギ氏は、サイバーセキュリティ大手のトレンドマイクロでCFO（最高財務責任者）兼副社長を務め、日本発の多国籍企業として30カ国以上に展開している同社を率いています。同社はパソコンのセキュリティソフトで有名なウイルスバスターをはじめ、B２Bでも近年のサイバー攻撃から国や官公庁、企業などを守る強力なサービスを展開しているグローバルカンパニーです。

企業文化を重視し、とくに日本企業としては珍しく、日本に閉じずに世界で戦う仲間づくりにとても熱心に取り組む企業として、私は長年同社に注目してきました。濃い文化の中でヒエラルキーがなく大変フラットで、社員が太い絆で結ばれた珍しい会社なのです。そうした心温まる文化が、激しい企業間競争と企業価値向上を勝ち抜いてきました。この一見背反する二軸を見事に橋渡ししているのが、絶妙の判断をタイムリーに行う実践知だと感じるのです。そして、その背後にいるのがＣＥＯのエバ・チェンさん、ＣＦＯのネギさん、そして日本担当の副社長の大三川彰彦さんの実践知トリオだと考えました。彼らの一挙手一投足はまさに形式にとらわれていません。代表してネギさんにお話しいただきました。

＊　＊　＊　＊　＊

▼プロフィール

マヘンドラ・ネギ（Mahendra Negi）
トレンドマイクロ CFO（最高財務責任者）兼副社長
インドのナグプール大学卒業。London Business School で経営学を学んだ後、銀行や証券会社に勤める。1995 年、メリルリンチに入社、日本国内のインターネットとソフトウェア分野について先進的な調査レポートなどで、アナリストとして高い評価を獲得。2000 年 5 月にアイピートレンド（現 トレンドマイクロ）に COO／CFO として入社後、2001 年トレンドマイクロ入社。現在まで、一貫して財務面での最高責任者として同社の経営を牽引、またグローバルの財務部門のみならず、人事部門、法務部門の責任者を務める。

徳岡：実践知とは状況に応じて最適なタイミングで最適な判断を下し、行動できることです。逆にいうと、実践知がないと官僚的になったり形式主義に陥ったりして、ルールどおりの表面的な対応になってしまいます。私はトレンドマイクロの社外取締役を務めていますが、ネギさんのやり方を間近に見ていて感心するのは、例えばＣＦＯとして情報開示をする中で、一律的に「求められているから」という理由で開示せずに、むしろ形式にこだわらずに「どのような情報を開示すべきなのか」というあるべき姿を考えて、その都度是々非々で判断されている姿勢とそのロジックです。まさに適時適切に文脈に応じた判断をされています。

これまでには「修羅場」ともいえるさまざまな難局を乗り越えてこられたと思いますが、トレンドマイクロの歴史の中で、実践知をうまく発揮して乗り切れた出来事やエピソードを教えていただけますか。

ネギ：私にとって最も大きな学びになったのは、２００５年に起きた「ウイルスバスター」などの不具合です。パターンファイルが原因で、企業や交通機関などの多数のＰＣやサーバーの不具合が起きました。金曜日の夜に問題が発生したので、週明けの月曜日にはクライアントにかなり大きな影響がでることが予想できました。マスコミからは「何が起きたのか」「誰の責任なのか」といったことを厳しく問われる一方で、相談した弁護士からは根本原因がわからないうちは外部に対して何も公開しないようにと強く言われました。

その時私がCEOのエバとともに決断したのは、逆にすべてを開示する、ということでした。わかったことから順次開示することにして、2～3時間ごとに記者発表を実施しました。私も最初はこの方法は怖いと感じましたが、会社として何も隠さず、わかっていることもわからないこともそのまま認めてオープンに説明していることが伝わるにつれて、マスコミの反応が大きく変わり鎮静化していくのがよくわかりました。

営業部門に対しては、営業インセンティブは会社が保証することにして、新規顧客へのアプローチをいったんすべてストップして既存顧客への対応に全力を尽くしてもらいました。とにかく何が起きたのか、どのように解決していくのかを説明できるようリソースをすべて既存のお客様に振り向けたのです。大規模かつ深刻な不具合でお客様には大きな迷惑をかけたにもかかわらず、当社のこの対応は非常に評価してもらえました。

実際、この問題が起きた直後の2～3四半期の売上は落ち込みましたが、その後からはライセンス契約の更新は減るどころか逆に増加していきました。これには私も驚かされました。お客様から見ると、大きな問題を起こしたものの、一貫して真摯に対応する姿勢を保ったことが評価されました。お客様は問題が起きた時に会社がどのように対応するのかをよく見ている、と非常に勉強になりました。一般的な対応を取っていたら決していい結果にはならなかったのではないでしょうか。何が大事なのか自分なりに考え、タイムリーに判断し、行動できたことが大きかったと思います。

◉何のためのルールなのか

徳岡：私が実践知の特徴として重視しているものが3つあります。1つ目は、豊富で多様な修羅場体験からくる知恵でルール頼みや思考停止に陥らない。2つ目が、本質的な解決策を突き詰める姿勢を持ち、ルールどおりや表面的な対応、アリバイ作りや型どおりで済まさない。そして3つ目が、表層的な理解や一般論に終始しない、問題を感じ取る洞察力です。ネギさんたちが取られた判断と行動は、マスコミ対応からもお客様対応からも、まさに実践知の3つの特徴が発揮されていることがよくわかります。

ネギ：「ルール頼み」や「ルールどおり」という言葉で思い出した出来事があります。ある経営幹部ポストに外部から人を採用したことがあるのですが、その方は経験も豊富で素晴らしい経歴をお持ちの方でした。ところが、入社されると新しいルールをたくさん作り始めたのです。大企業出身の方ですから、「トレンドマイクロにはきちんとした社内ルールがない、何か問題が起きた時にルールがないと対応できない」と考えたようです。「なぜこのルールが必要なのか」と考える前に、「企業としてはこういうルールが必要だから」という理由で新たなルールがどんどんできていきました。

しかし、トレンドマイクロはこれとはまったく異なる価値観を持っています。ルールは少なければ少ないほどいい、その代わり、社員が自分たちの倫理観を働かせるべきだ、という考え方です。サイバーセキュリティという変化の激しい業界にいますから、ルールで縛ってしまうと社員は新しいことができなくなります。いったんルールができてしまうと、ルールを守ることを優先すべきなのか、状況に応じて対応することを優先すべきなのか、迷ってしまいます。もしルールを作るのであれば、何のためのルールなのかをきちんと社員に説明してその背後にある意味を理解してもらう必要があると考えています。

でも実際にはそこまでやらないのがよくあるパターンなのではないでしょうか。結果としてルールはあるが、なぜなのかは社員は皆よくわかっていない（笑）。

結果的に、残念ながらこの経営幹部の方には試用期間中に辞めてもらうことになりました。会社とまったく価値観の相いれない人がシニアのポジションにいると、混乱が起きると考えたためです。当社の価値観を共有してもらえそうにない人がシニアのポジションに就くと、その部下の考え方も変わってきます。そして違うやり方にいったん移ってしまうと、社員も考えるのを止めてしまいます。それを後になって修正するのはとても大変ですから。

徳岡：ルールを重視するあまり、思考停止になってしまう弊害を感じておられるのですね。コーポレートガバナンスでは、「コンプライ・オア・エクスプレイン」といわれていますね。ルールや原則を順守するのか、順守しない場合には説明しなさい、ということですが、要は本質は何なのかを考えることが重要だというわけです。いつもいつも同じルールでいいわけはないですからね。この考え方でいくと、ネギさんは、時流を取り入れることよりも、あるべき自社の経営の本質が何かをまず重視されているといっていいですね。

ネギ：昨今のコーポレートガバナンスやＥＳＧ経営などの関連で、女性社員・女性幹部の比率の目標を設定するように株主から言われることがあります。日本国内での開示要請には対応してはいますが、こういった比率を本来設定すべきかどうかについて、今も社内で議論が続いているところで、私としては比率を設定する意味はないと考えています。

例えば、「社員・幹部の女性比率を３割にする」というルールを作ったとします。そうすると、この「３割」という数字さえ達成したらそれでいいことになってしまいます。ルールの裏側にあるロジックが置き去りにされてしまうことになりかねません。私の部下の女性からも、こういったルールがあると自分が昇進した際にそれが実績や実力によるものなのか、ルールに守られているのかわからなくなる、といわれたこともあります。

それよりも本質的に重要なのは、性別による差別を起こさないこと、職場の中に性別によるバイアスがないことです。「女性比率３割」という目標を掲げるのではなくて、採用の際に男女差別がないのか、社内にハラスメントはないのか、昇進にあたって男性または女性のどちらかが不利になっていないのか、といったことをきちんと調べて、徹底していきたいと考えています。全員が女性の部署もありますが、そういうところでは逆に男性に対して何らかのバイアスがないか精査する必要があるかもしれません。女性比率３割を達成したらそれで終わり、ということもあってはならないと思います。

徳岡：日本では数値目標が出ると、どうもそれが独り歩きしがちです。ルールがあったらそれを守るべきだし、そのほうが考えなくていいから楽でもある。ですが、その際に忘れがちなのは、そのルールそのものが状況によっては意味を持たないこともありますし、例外もあるかもしれないというわば知恵の部分なのです。既存の仕組みの的確性や例外を察する知恵が実践知なわけです。

ネギ：ルールを完全に守る社員も平気でルールを破る社員も、会社から見ると価値はあまりないといえます。「このルールは何のために存在しているのか」というルールの背後にあるロジックを理解した上で、状況によって判断できる社員が最も高い価値を生みます。
ルールがあるから守らなくてはいけない、コンプライアンスは絶対だと考えると、すべて金太郎飴になってしまいます。企業は差別化を図らなくてはいけません。他の会社がやっていないことをやる、ということです。そうすると、どうしても現状に合わせてできているルールに合わないことが出てくるはずです。それならそれで、なぜルールに合わないのか自分の立場を説明するべきなのです。

徳岡：イノベーションは現状変革ですから、ルールを守ってばかりではイノベーションは出てきません。違いを出そうなんて考えもしなくなりますね。ルールフォロワーか、ルールメイカーかの議論につながっていきます。イノベーションにはルールブレイク、そして新しい世界観でのルールメイクの発想が不可欠です。その前提として、実践知で本質を探ることが重要なわけです。ただルールを守るだけの社員のいる企業と、本質的に考えられる社員のいる企業と、その違いは何だと思いますか。

ネギ：最終的には、「会社の中に本質を見ていく雰囲気を醸成できるかどうか」に行き着きます。そのためにはまずトップダウンで、経営陣が考えているロジックを社員の隅々にまで説明しなくてはなりません。パワーポイントを作ってルールだけ説明しても誰もついてきません。社員はルールさえ守っていれば怒られないはずだ、と安全な道を探そうとしますが、そうではなく、自分で考えることを徹底して求めていくことです。そうすると社員も変わってきます。自分の頭で考えるようになるのです。もちろん、ルールに沿わないことをやる際には報告してもらう必要がありますが、ルールに従わないこと自体は構わない、ということを浸透させるのです。

トレンドマイクロは「3CIT」というコアバリューを定めています。Customer（お客様）、Change（変化）、Collaboration（コラボレーション）、Innovation（イノベーション）、Trustworthiness（信頼性）の頭文字を取ったものです。こういった価値観を浸透させると、社員は「何」を判断するかではなく「どうやって」判断するか理解してくれます。倫理観が育ってくるわけです。

◉コアバリューを現場での行動に落とし込む

徳岡：ここでも「3CIT」という言葉だけ覚えても意味はないですよね。難しい判断を迫られた時にこの「3CIT」にどうやって立ち返るのか、ということです。社員個人としては頭ではわかってもなかなか実践しにくいものです。リーダーとしてどのようにコアバリューを現場で行動できるように落とし込もうとしていますか。

ネギ：社員に頻繁に実例を紹介するようにしています。当社にはTrend Learning Circle（TLC）という社内ワークショップがあります。社員で実例を出し合って、行動の振り返りやメンバー同士のディスカッションを通じて学びを深めるものです。社員に求められるマインド、行動、成果といったものに関して、共通の価値観を形成し、ミッションやビジョンに共感してもらい、コアバリューを浸透させていく場になっています。

リーダーとしてはコアバリューに反する行動には厳しく対処します。例えば、数年前、不正な経費精算の事例が判明した時には、金額は非常に小さかったものの、関係した者を全員解雇しました。金額に対して処置が厳しすぎるという意見もありましたが、そうではないと思うんです。私たちが大切にしているコアバリューのうちの1つ、「信頼」を裏切ったことに対する処分です。その代わり、マネージャーには全員、何が起きたのか、なぜこういう処置になったのかについて説明しました。

ここでも、ルールだけを見たら、不正な経費精算の金額の多寡で処分の重さが決まるかもしれませんが、私たちとしては、「会社の信頼を裏切った」ということを重視した、と説明を尽くしました。ルールを守らないというのは、「そのとおりにしなかった」ということ。もしかしたらその背後には何か理由があるかもしれない。だから理由を説明してくれたらそれでいいんです。でも、信頼を裏切るというのは本質的にダメなことですよね。そこには理由はありません。そもそも悪いこと、許されないことです。ルールを破ることとは次元が違うのです。

逆に、コアバリューを体現している社員は積極的に評価します。年に一度のセールスキックオフという千数百人が集まるグローバルのイベントで、コアバリューを実践している社員は表彰されます。対象者は社内の投票で毎年8人から10人程度選ばれるのですが、営業成績はまったく考慮されません。コアバリューを実践したかどうかだけに注目しています。一般の社員から見ると、「こんなことが評価されるのか」と思うような事例もあるかもしれません。こうやって、会社として何を評価しているのか、目に見える形でしっかりと見せていくことも、会社の中に同じ価値観を浸透させていく助けになると考えています。

●ダイバーシティと価値観の共有

徳岡：トレンドマイクロは成長企業ですから、どんどん規模が拡大しています。新しい人もいろいろな国から入社されています。組織にダイバーシティがあることはもちろん良いことですが、その中では同じ価値観を共有していくのが難しくなるのも事実です。そうなると、どうしてもルールで縛っていったほうが楽ではないか、という発想にいきがちです。ルールに頼ってしまったほうが簡単ですから。そういう意味で、トレンドマイクロではコアバリューの維持が難しくなっているとか、限界を感じているとか、そういうことはありませんか？

ネギ：価値観が共有されないというリスクは会社の規模にかかわらずどの組織にも常にあると思っています。私たちのコアバリューがどのレベルにまで浸透しているのかが問題だと思うのです。そのためには小さな営業所のレベルまで価値観が共有されていると問題はなかなか起きにくいのではないか、この点を軸に考えています。ですから、先ほど申し上げたTrend Learning Circle（TLC）といった仕組みを通して、価値観を共有していけるように意識的に努力しているわけです。

私の持論なのですが、社員の80％はしっかりとした倫理感を持って正しいことをやってくれる人で、5％はルールがあってもなくても、何かしら倫理観が欠けている人だと思っています。だからこの5％の人たちに対しては、不正や信頼にもとる行為などが見つかったら、その時点で厳しいアクションを取ります。問題にすべきは、残りの15％の人たちです。この人たちはきちんと説明すればわかってくれる人だと思いますが、逆に説明がなければ悪いほうに転ぶ可能性があります。

この人たちが悪いほうに転んでしまったら、20％の社員が倫理観を持っていない会社になってしまいますから大変です。だからこの15％の人たちに正しい倫理観を持ってもらい、会社のコアバリューを浸透させるように努力するのです。そうすると95％の社員が正しいことをする会社になりますよね。なので、5％に迅速かつ毅然と対処することが組織全体のカルチャーを維持するとても効率的な手法だと考えています。

ダイバーシティと価値観の共有は若干トレードオフの関係にあると思います。会社全体にコアバリューを浸透させるためには、とくにシニアの人には安定性が必要だと思っています。ですから、シニアのポジションにはできるだけ内部の人を育てるようにしています。もちろん、宗教法人ではなく経済活動を行っている企業ですからみんながまったく同じ考えを持つべきだというつもりはありません。競争していく上ではダイバーシティは非常に重要です。大切なのは、本質のところを共有できているかどうかです。

●実践知とイノベーションの関係

徳岡：そうですね、ダイバーシティがあっても、そしてダイバーシティがあるからこそ、きちんと議論を重ねていけば、その違いを活用して、だれもが納得できる本質に行き着くことになるわけです。そのためには、たとえ組織が大きくなっても、いかに小さい時の価値観を皆で育て合うか。いろいろな人が交じってきても小集団の中でじっくり共有し合うことができていれば、知の継承が利くのです。また、さきほどの80－15－5％の論理は慧眼で素晴らしい実践知だと思いました。こうした俯瞰的な見方ができることも非常に重要な経営の実践的な知恵ですね。

ところで、実践知とイノベーションの関係をどのようにご覧になっていますか。

ネギ：イノベーションというのは、「お客様やユーザーの目から見て価値があるかどうか」ということです。イノベーションはユーザー視点であるべきです。そういう意味で、実践知に根差していない単なる「新しい何か」はイノベーションではありません。

私はクリエイティビティとイノベーションを分けて考えています。もちろん、クリエイティビティからイノベーションが生まれることが多いのは事実ですが、クリエイティビティがあって何か新しいことを生み出しても、お客様の役に立たなかったり、ユーザーエクスペリエンスの向上に繋がらなかったりすれば、それはイノベーションとはいえません。

実は、トレンドマイクロのコアバリューは以前「4C＋T」でした。Cが4つあって、その一つがクリエイティビティ（Creativity）だったのです。しかし、今申し上げたように、「イノベーションとはユーザーに資するもの」という考え方に立って、クリエイティビティのCをコアバリューから外しイノベーションに置き換えた結果、いまでは3CITになったという経緯があります。

実践知とイノベーションの例として、両親の話をしましょう。インドにいる両親が持っている家電はすべて韓国製です。私からしたら、日本製のほうが品質も耐久性も優れているのに、なぜわざわざ韓国製を買うのか、と思うわけです。両親に聞いたところ、韓国製を選ぶ理由は価格ではありませんでした。結局は「使いやすさ」とか「インドの家庭に向いているか」といった点がポイントだったのです。

韓国メーカーはインドの家電市場を徹底的に調査していて、たとえば気温も湿度も高いインドで冷蔵庫がどうやって使われているのかといったことを調べ上げたということです。それでインドに合った家電を出したんですね。だからインドに住んでいる私の両親には非常に使いやすい、価値がある商品だと思われたわけです。

徳岡：まさに柔軟な発想が問われるのですね。そうやって状況に応じて、この場合は顧客ニーズに応じてということですが、日本製品は優れているという形式を排して本質的な判断をしていくのが実践知です。プライドや慢心が本質を見る眼を曇らせるともいえます。ところで、このような表層にとらわれず、切り込んでいく力はどうやって育てていけば身につくとお考えですか。

●Whatではなく、Whyを考えてもらう

ネギ：まずは社員に考えてもらう、考えるクセを付けてもらうことです。私は社内のルールは少なければ少ないほうがいいと思っています。ルールがないと社員は自分の倫理観を使わざるを得ないですよね。またルールで縛られると、目の前のリアリティに適切に対応できなくなるリスクもあります。ルールがたくさんあると社員には安心感はありますが、一方では考えることを止めてしまいます。「ルールがないから不安」という人ではなく、「ルールがないというのは、自分がエンパワメントされたのだ」と感じてモチベーションの上がる人たちを育ててい

くべきでしょう。

また、Ｗｈａｔではなく、Ｗｈｙを考えてもらうことが重要です。「これをやれ」というと社員はそのとおりやってくれるでしょう。そうではなくて、「こういう問題があるけど、なぜですか、どうしますか、どうやって解決しますか」と提示し、考えてもらうことがイノベーションにつながると思います。

それから、失敗に対する恐怖感がないことも大切だと思います。冒頭にお話しした２００５年のウイルスバスターなどの不具合の時、「誰がやった」という責任追及をしてその人をクビにはせずに、まずはお客様対応に集中しました。会社にとって何が重要なのかを見せると同時に、失敗してもいいという姿勢を見せました。失敗したら責任を取ってクビになるという状況を見てしまうと、皆が失敗を恐れるようになって、その後何年間もイノベーションは起きなくなります。イノベーションの芽はいったん失われると、取り戻すのに何倍もの時間がかかってしまうでしょう。

徳岡：考えるクセを付ける、Ｗｈｙを考える、安心して失敗できる土壌を作る…実践知は実践経験の中からしか生まれませんから、まさにそのとおりですね。こういったことは会社という組織の中では、トップから示していかないとなかなか浸透しません。ところが、とくに中間管理職はルールどおりにやりがちといいますか、型どおりにはめてしまおうとする傾向があります。岩盤となってしまいます。自分でも判断を下す自信がなく、部下をも信じられないといった状況があるのではないでしょうか。こういった中間層をどのように育てていくのかもポイントになりますね。

ネギ：そもそも、言われたことを言われたとおりにする人材のポテンシャルはあまり高くないと考えます。指示どおりに動くことしか頭にない人は今後のキャリアにも限界が来ると思います。こういったタイプの人は今後ＡＩに取って代わられてしまうかもしれません。

ルールどおりにやるのはＡＩの得意技ですし、型どおりの業務は最終的には自動化の対象になるものです。そうではなくて、何か課題があればそのコンテクストをきちんと理解して、それに対して自分はどう対応すべきかを自分の頭で考えて解決策を導き出していくことが人間には求められています。

そういった人を伸ばしていくためには、繰り返しになりますが、会社としての基本的な価値観を浸透させることです。どのようなマネージャーが評価されているのか、どのような視点や行動に会社は価値を認めているのか、といったことを日頃から意識的に説明するようにしています。

徳岡：ネギさんから見て、実践知の思考の強い国はありますか。実践知の観点から、世界の中で日本人はどのような位置付けにあると思いますか。

ネギ：ステレオタイプにはなりたくないですが一般的に、台湾はうまくバランスが取れているように見えます。日本に見られるような社会的な安心感が一定程度備わっている一方で、ルールどおりにせずにリスクを取りに行く姿勢も持っていると思います。とはいうものの、中国本土のように「何でもあり」でルールのない混沌とした世界でもない。地政学的に非常に難しい立場に置かれていながら、日本と中国の双方のいいところをうまく取り入れている、こういうバランス感覚も実践知的だなと思います。

逆に米国やインドなど、ダイバーシティに富んだ国ではルールを守るという概念よりも、自分でルールを作っていこうとする起業家が多いですね。とくにインドの場合、政府に期待できないことや、社会的なセーフティネットがあまりないことが要因として挙げられると思います。日本では自分が黙っていても誰かが決めてくれるし、困りごとには政府が対応してくれる、という安心感がどこかにあります。そのような環境が整っていないところでは、自分で何もかもやる必要があるからスタートアップが多くなるのでしょう。

日本の人に対しては、「もっと学んでほしい」と言いたいです。グローバル企業の役員を見ると、中国系やインド系の名前を見かけることは多いのに、日本人の名前はあまり出てきません。残念なことです。最近では海外に留学する学生も減っています。新卒の採用面接で学生に「なぜ留学しないのか」と聞いても、明確な答えは出てきません。海外など行かなくてもいいと思っているのです。

それでは、資源を持たない国として日本は世界のどの国に何を売っていくのでしょうか。日本が売っていくべきは「知恵」だと思いますが、その知恵を磨き働かせる機会を活用していないと感じますし、もっと言うと、そういった機会を活用すべきだということまで考えが至っていないとも感じます。

徳岡：外の世界を見て刺激を受けることは重要です。どこで自分の知恵を発揮していくのかについての嗅覚も必要になります。ところが日本人は内向きすぎて、学ぶチャンスをみすみす逃しているのですね。実践知を磨くということは、すなわち、自分の殻を破るという意味もあります。自分の殻をどう破って、どう自分らしく判断していくのか、その力強さが問われることになります。

ネギ：そうですね。そして、そこに楽しみがあるはずです。自分で何かを決め、実践し、何かを成し遂げる。その経験がまた次の経験につながるはずです。ルールを守って結果を出しても、それは自分の実力なのか、マニュアルのおかげなのかわかりません。いろんな失敗をしながらもエンパワメントされて、価値を生み出していく喜びがあるはずです。

＊＊＊＊＊

いかがでしたでしょうか。実践知とは形式やルールにとらわれずに、みずからの倫理観に基づき、みずからの頭で考え、判断し行動する。ある意味当たり前のことですが、組織やルールの枠がはまりすぎるとその中に落ちてしまい、自分は見えなくなります。それが現代社会の病理です。そしてイノベーションも枯渇します。ルールや慣習に従い、他者と同じ横並びに落ち着きます。誰もリスクを取らなくなる。

しかし実践知はその言葉どおり、実践の中からしか生まれてきません。まずは動くことです。行動主義の裏打ちがなければ実践知は高められません。しかし、実践知スピリットがなければ、ルールの枠から飛び出して行動することもありません。

社員の実践知スピリット、野性といってもいいでしょう。これをどう呼び覚ますか。オーバーコンプライアンスに甘んじるのか、企業家精神の真骨頂を見せるのか？　聞こえのいいことが謳われている各社が持つコアバリューの真の姿が問われています。コアバリューを信じてやりきり、そこで悩みながら行動することで、実践知を高め、活かして、日本の岩盤をぶち破る。そんな力強いイノベーターシップを育てましょう。

第3章

突破力
——しがらみを打破する

CHAPTER 3

1　突破力とは何か

2　突破力を習得するトレーニング

3　イノベーターシップストーリー No.3
突破力で業界初の美容液を開発、
「お化け商品」に育てる

1 突破力とは何か

突破力とは高い目標に向かって進む中で必ず立ちはだかる障害をあの手この手で乗り越えていくアイデアと勇気のことです。

イノベーターシップの真の目的は、技術革新や新しい何かを創造することだけにとどまらず、そういったイノベーションを通じて世の中を変えていくことです。自社のビジネスモデルイノベーション（浅井農園やユニクロ）、新市場の創造（環境大善や旭酒造）、社会のインフラの変革（第二電電やアップル）など今までのあり方を大胆に再構築する大きな力です。

そういう意味では、技術的なブレークスルーはもちろん必要ですが、それに加えて、スーパージェネラリストの7つのレベルの知性（第1章参照）を総動員して人々の常識を覆し説得し、現実の社会が作られてきた歴史や慣習、価値観や文化、既得権益構造、法律などの社会的枠組みを踏まえて、その根っこにまで踏み込んでいくことが求められます。イノベーションを通して社会の岩盤に食い込んでいくことになりますので、そこに突破力が求められるのです。

日本の社会はなかなか変えられない、変わらないといわれています。忖度、安住、保身という閉鎖性と関連する「日本病」がその3大原因だと私は考えています。儒教の影響を受けてきた文化的な背景から、私たち日本人は上下関係への配慮が自然と身についており、それが忖度を生む原因にもなっています。

結果として個人と組織の関係性が固定し、縛られてしまいがちです。現状でどこか何かがおかしいと思っていたとしても、日本にはこれまで蓄積してきた経済的なクッションや安全な社会があり、その守られた環境で既存の仕組みの中に安住して終わってしまいます。さらに、保身は顧客志向ではなく自分の都合を重視した考え方や行動につながります。目的や本質を考えるのではなく、手段や形式にこだわって面倒くさいことを迂回してしまうある種の弱さの表れも保身です。

さらに、日本人が真面目すぎることも変えられない、変わらない要因の1つでしょう。真面目すぎるがゆえに、どうしても目の前のことに集中してしまい、あるべき姿を思い描いたり、未来からバックキャストして現実を捉える視点が持てないのです。私はこれを「半径5メートルの世界観」にひたる「つぶつぶ族」と呼んでいます。つまり、会社の自分のデスク周りだけでできることに自分の仕事を閉じてしまう内向き志向のことです。小さな粒の人たちの集団です。

これでは、ごく身の回りの人間関係だけを円滑に維持し、そこで波風を立てないようにしたいという姿勢に終始してしまいます。人脈も広がらず、お互いに忖度しあい、保身に走る世界を助長することになりかねません。

それゆえ、3大特徴である忖度、安住、保身の対極として、**しがらみ打破、リスクテイク、顧客志向**が突破力には重要であると考えます。とくにしがらみにどう立ち向かうかがカギになります。どうしても「まぁいいか」「しょうがないな」と真剣に向き合うことを避けがちです。結果として、リスクテイクせず、顧客志向も徹底できずに終わってしまいます。

普段なかなか気がつきにくい「しがらみ」にぜひ目を向けて向き合ってください。あるべき組織やあるべき社会の姿を阻んでいるような習慣がしがらみです。たとえば、会議の事前の根回しや稟議の持ち回りなどの組織の行動をスローダウンさせるような仕組みや、時代遅れになっているのに変えられないルールなど、身近なところにしがらみはいくつも転がっています。

「会社の常識は世間の非常識」といわれることがあります。一定の集団の中で共有されている常識がその集団に属するメンバーを縛ってしまいます。皆が面倒に感じているのに、誰もその正当性を疑ったり変えようと言い出したりできなくなっているのです。

しかし、突破力の高い人は、集団の中にいてもしがらみに気づくことができます。自社の文化として当たり前だと思っていることを新しい目で見直してみると、しがらみに気づくこともあるでしょう。世代やバックグラウンドの違う人たちと話をしてみると、自分が当たり前だと思っていることにまったく納得してもらえていないことに気づかされることもあるでしょう。

自分自身のしがらみ化にも敏感になってください。権力を持っていたり、経験年数が長かったりすると、周りとの関係性の中で自分自身がしがらみになっている可能性もあります。しがらみは自分の視野を狭め、さまざまな過程で起きてくる疑問を抑え込んでしまいます。それにどうやって気づけるでしょうか。

人事異動やキャリアチェンジなどで、アウェイの場に身を置くことがその一つのきっかけになります。ポスティング（公募）に応募して、まったく違うアウェイの世界に自分を置き、新たな気づきを得て自分を変革できると会社のためにもなります。会社を変革できると社会を変えていくことができます。

あなたのしがらみは何ですか？　突破すべきテーマは何ですか？　自分を縛るしがらみに気づくことができれば、突破するきっかけを手にすることができます。そしてテーマが決まったらやり抜いてください。それが最終的に突破力を身につけていくことにつながります。

「障子を開けてみよ。外は広いぞ」。これは豊田佐吉の言葉です。過去のイノベーターたちは外の世界に目を向け、自分たちが忖度していないか、安住していないか、保身に走っていないか、警鐘を鳴らしながら、世界を切り拓いていきました。世にはびこる常識やしがらみを打破し、諦めるのではなく周到な用意をしつつリスクをとって、顧客や社会さらには未来のために本当に必要なことに人生を賭けていったのです。こういった先人の姿勢から学ぼうではありませんか。

2

突破力を習得するトレーニング

◉突破力を習得する基本トレーニング

突破力を鍛える基本のトレーニングとして、①目的志向、②シャドーワーク、③ロールモデリングの3つがあります。

①目的志向

突破力の一丁目一番地は「WHY」をきちんと問うことです。何のためにやっているのか、何が目的なのかをはっきりさせることです。社会には同調圧力があり、世の中にはしきたりや慣習があふれています。こういったものに影響されてしまうと、どうしても本来行くべき道かららぶれてしまいます。常に目的を明確にしておくことで、自分の中にぶれない北極星を持ち、それを目指して進み続けることができるようになります。今の仕事（WHAT）や今の手段（HOW）から入ると、保身圧力が働いて小さなジャンプしかできず、代わり映えしない結果になります。「そもそも何が目的なのか？」「何のためにやっているのか？」といった言葉を口癖にして常に意識することが肝要です。

②シャドーワーク

第2章でも述べたシャドーワークは突破力としても有効です。自分のオフィシャルな仕事以外にも活動の範囲を広げ、常識に切り込む力を磨けます。安住や保身を避けるためには、自分の半径5メートル以内で落ち着いてしまわないように、自分のホームグラウンドではない「アウェイ」の環境で実践経験を積む必要があります。経験、知識、価値観の異なるところで腕試し・他流試合をすることで、異なる世界を受け入れ活用していく胆力が身についてきます。また、アウェイで活動していくために、普段とは異なる行動も求められるようになるでしょう。ビジネスとNPOやNGO、東京と地方や海外など、自分の本来の守備範囲とは異なるアウェイの分野とつながると、そこから気づきが生まれ、常識を突破する力になります。

③ロールモデリング

ロールモデリングは実践知の獲得だけでなく、突破力の勇気を与えてくれます。手本にしたい人をイメージしてください。突破力を発揮してイノベーションを起こした人物を思い浮かべることができますか？　前著では本田宗一郎やスティーブ・ジョブズといったよく知られたイノベーターたちの書籍を読み、何がポイントなのか学習するようにお勧めしました。突破力は人それぞれです。派手なアプローチが得意な猪突猛進型の人もいれば、静かにことを進める策士型の人もいます。自分らしい突破力とはどのようなものでしょうか。そういった突破力を持っている人を探してお手本にしてください。

◉突破力を進化させる上級トレーニング

さて、本著では、今の時代に求められる突破力の身につけ方についてもう少し踏み込んでいきましょう。経済が上向いていたり、人口が増加していたりする局面では、自然と改革圧力が生じて変化が起きるものですが、現実的に日本社会は縮んでいます。縮みゆく社会では、その分だけ求められる突破力も大きくなります。この現状を踏まえて、これから求められる突破力をどのように身につけていけばよいのか。

明確なポリシーを持つための①マイミッション、マイビジョン、マイバリュー、②抵抗勢力を抑えるチェンジマネジメント、③相手の内発的動機をくすぐる、について考えていきましょう。

①マイミッション、マイビジョン、マイバリュー

「目的志向」をさらに進化させ、自分なりのミッション、ビジョン、価値観を持ちましょう。会社であればコーポレートパーパスやミッションを掲げていると思います。これを自分の人生に当てはめて考えてみてください。人生を賭けて達成したいイノベーションやプロジェクトは何でしょうか、どのように自分として社会を変えていきたいのでしょうか。自分のマイミッション（Mission、使命）、マイビジョン（Vision、夢）、マイバリュー（Value、行動指針）を考えるということは、自分自身と向き合うことにもなります。マイMVVづくりです。

マイミッションとは、自分の生き方をつかさどる使命であり、思想や生き方、人生の目的の

ことです。人生１００年時代を生きる私たちは人口減少にも直面しています。人口が少なくなっていく中で、一人でも多くの人が社会を支え、社会を変えていくために力を発揮し、今後はますます社会に参加していくことが求められます。自分の人生を豊かにする本当の目的は、縮みゆく日本のあり方を変えつつ、自分自身も生かされていくことです。こういった目的意識や心意気がなければイノベーター人材にはなれません。

マイミッションに人生のどの段階で気づくのかは人それぞれです。若くしてベンチャーを始める人は皆ミッションを持っていますが、サラリーマンでいると会社のミッションの達成にばかり目が行って、自分のミッションを突き詰めるのが難しいこともあるでしょう。しかし、本当に自分は会社から与えられた仕事をやりたいだけなのでしょうか。サラリーマンであっても、与えられた仕事を自分のミッションに照らしてどのように解釈できるでしょうか。こういったことを考える力、すなわち会社のことや社会のことを自分事として捉える力が必要なのです。

仮説で構いませんので、自分はどのような社会の創造に貢献していきたいのか、１ミリでも社会を良くする自分の人生とは。そんな自問自答をしてみましょう。私はライフシフト大学やライフシフトの企業研修を通じて「一人でも多くのミドル・シニアや若い人たちが自分のキャリアを会社任せにせずプロアクティブに創造してくれることで、人口減少下でも活力ある国であり続ける社会の創造に尽くしたい」というマイミッションを59歳の時に発見しました。

マイビジョンは、目的を達成するために何をするのかということです。夢や価値創造、戦略や達成目標といったものがビジョンにあたります。一人ひとりが自分のミッション達成のための目標を持ち、その目標を皆で共有することで、その目標自体も高まり、広がっていきます。

例えば私のマイビジョンを実現したライフシフト大学では、異業種で集まった熱い思いを持った社会人が互いに夢や問題意識を語り合い、自分の人生のマイビジョンを作り上げていきます。こうした勉強会の場などでさまざまな人がつながると、大きな波が生まれます。こういった場に自ら飛び込み、ご自身の30代や40代といった人生のステップごとに、会社や社会を変える具体的なプロジェクトを持ってください。ただ単に与えられた担当業務をこなしているのではなく、そこに自分のビジョンを持ち込んで意味付けし、膨らませましょう。あなたは40代で人生の勲章になるような何かを企んでいますか。50代でどのような、ある意味で、キャリアの中締めとなる大仕事をしますか。それがビジョンであり、イノベーターシップを発揮する人生戦略につながります。

マイバリューはミッションやビジョンを実現していくための価値観や行動指針、そして流儀やスタイルのことです。人生にどのような目的を掲げたとしても、イノベーターシップの目的が何であっても、そこに共通するのは仲間を得ること、行動すること、マルチタスキングすること、インプットを欠かさないことでしょう。自分のバリューを5項目でも10項目でも書き出してみてください。未来に向かって踏み出すために、自分は過去にどんなことをしてきたのか振り返ってみることも重要です。そこから自分らしいオーセンティックなバリューが浮かび上がってくるはずです。

マイミッション、マイビジョン、マイバリューを創出していく中で重要なのは、そのすべてがJustified true belief（正当化された真なる信念）かどうかを考えることです。これは知識創造論で使われる用語ですが、その命題が人々に共感され、共通善にふさわしく、かつ信じるに足る説得力ある理由があることを意味します。その意味で、ミッションもビジョンもバリューも、個人的な独りよがりや邪悪な思い込みであってはなりません。幅広いインプットの上に立ち、さまざまな人と議論することで共感してもらえ、内容的に正しいと検証されるミッション、ビジョン、バリューに高質化していくことが重要です。こうした形でできてくる自分の正義を表す信念体系をモラルコンパスといいます。例えば、商工中金では、かつての不祥事を乗り越えるべく企業体質の全面的な刷新を意図して社員一人ひとりが自分の「マイパーパスづくり」に取り組み、大胆な改革が始まっています。

また、こうしてマイミッション、マイビジョン、マイバリューを考えていく過程で、自分には足りない課題もはっきりとしてくるでしょう。第2章では実践知の言語化を紹介しました。マイバリューは一段大きな枠組みとして、自分のミッションへアプローチする生き方の原則といえましょう。私の場合は、①経験のポートフォリオ化で視界を広げる、②幅広い人的ネットワークで皆が助け合う場を作る、③24時間を無駄にしない、④海外との接点を持ち学ぶ、そして⑤80歳現役を目指す、というかたちにまとめてみました。ぜひ皆さんも図表3-1でご自身のMVVを作ってみてください。

図表3-1　マイMVVシート

Mission	あなたの使命は？	
Vision	Missionのために何を成し遂げたいか？	
Values	どういう行動基準で臨むか？	

②抵抗勢力を抑えるチェンジマネジメント

突破力はチェンジマネジメントをさらに一歩進めたものだと考えてもよいかもしれません。通常のチェンジマネジメントがM&A後のポストマージャーインテグレーション（PMI）など、組織を新しい環境にいかに合わせていくかということに主眼が置かれているのに対し、私が提唱している突破力のためのチェンジマネジメントにはもう少し踏み込んで社会文化的な意味合いを持たせています。会社や組織の変革を推進できるよう環境を整備していくだけではなく、あるべき社会や未来を思い描き、そこに向けて組織も社会も変えていこうというのがイノベーターシップであり、それを発揮していくための力が突破力なのです。

何かを変え、何か新しいことを始める時に抵抗はつきものです。その抵抗を乗り越えていくためには3つのカギがあると考えます。すなわち、しがらみに気づき対処すること、データドリブンで現実を見据えること、共感を得ること、です。１つずつ解説していきましょう。

図表3-2　しがらみの例

- **先輩たちが決めたこと**は変えにくい
- **過去の慣習**を破って、一歩踏み出すのを妨げる風潮がある
- **よくわからないルール**があるが、だれも指摘しない
- **古臭い常識やルール**に阻まれ、斬新な挑戦ができない
- **年寄りの出る幕ではない**という雰囲気がある
- **海外のやり方**を学習しない日本至上主義を不思議と思わない
- **目の前の課題**解決しか評価されない
- **部門の壁**を越えると領空侵犯扱いされる
- **上司**にまず話を通さないと、他部署とコラボしにくい

［しがらみに気づき対処する］

しがらみというのは本来の組織の目的に反するような行動や発想であるものの、組織に深く埋め込まれてしまっているが故に誰も気づかない、または変えようと思っても変えられない状況のことです。組織と一体化しているために「当たり前」のこととして受け止められ、その組織の人はそのとおりに行動してしまいます。また、しがらみに沿った自分の行動そのものも、そのしがらみを強化することにつながります。

図表3-3のしがらみ感度チェックを参考にしがらみに気づける力、「しがらみ感度」を磨いてください。「組織の常識は世間の非常識」と気づき、何かおかしい状況に取り巻かれている自分、変えるべきなのに変えられない会社のカルチャーを意識できるようになってください。『しがらみ経営　価値を生み出す「関係性」のマネジメント』（木村雄治、徳岡晃一郎、日本経済新聞出版）、『情報の選球眼　真実の収集・分析・発信』（山本康正、幻冬舎新書）を参考図書としてお勧めします。

図表3-3　しがらみ感度チェック

1. 自分の仕事領域以外は関心があまりない
2. 過去の栄光が忘れられない
3. 日頃、社内常識で不思議に思うことがあるがそのままにしている
4. 世の中の変化に関する情報を気にしていない
5. 自分を振り返ることができないほど多忙である
6. 最近、どうも感動がない
7. 理屈がきちんとないと気持ち悪い
8. 成功より失敗に目が行く
9. 上（会社）の指示には疑問を持たず従っている
10. 感想を述べれば満足だ
11. 全体より部分に関心が高い
12. 目的に沿って手段を選ばない
13. 手続きがあると安心できる
14. 仕事の流れややり方にあまり疑問は持たない
15. 顧客満足ということが実はあまりピンときていない

［データドリブンで現実を見据える］

日本人はデータを分析するよりも、どちらかというとアナログ的な感覚や雰囲気に流されがちだと言われています。その結果、声の大きい人が勝ち、長いものに巻かれることになります。データを確認した上で現実を判断する必要があります。データを見る際にはそのデータで示されている実態がイノベーションにつながるのかどうかを考えることも重要です。例えば、残業規制について考えてみましょう。「残業時間が減っている」ことを示す数字だけを取り上げて、「ワークライフバランスが向上した」と喜んで終わってしまってよいのでしょうか。

残業時間が削減されたことで、業務が効率化され、そこで生まれた時間を活かして

それ以外の経験やリスキリングのための勉強にあて、それがイノベーションにつながっているのであれば素晴らしいことです。反対に、残業時間を削減するために、残業につながる可能性のある新しいプロジェクトや新しい仕事に挑戦できないようになっては意味がありません。こう考えると、「残業時間削減」という数字を追い求めるよりは、むしろホワイトカラーエグゼンプションを導入して一人ひとりに任せたほうがいいのではないか、と考えることもできます。このように、データで何を検証するのかを見極める癖もつけてください。

もう1つ例を挙げましょう。『未来の年表（全5冊）』（河合雅司、講談社現代新書）という本があります。この本にある「人口減少カタログ」では、人口減少と高齢化に伴って日本社会がどのように変化していくのかを具体的な数字をもとに、イメージしやすい実例に落とし込んで描き出しています。

例えば「東京で遅刻者が続出」という未来予測があります。駅には車いすがあふれかえり、人員不足のために公共交通機関が機能しなくなり、誰も定時に出社できなくなるということです。あるいは「伴侶を亡くすと自宅が凶器と化す」。独居老人家庭が増えると家庭内の不慮の事故が防ぎにくくなることが指摘されています。高齢者を見ると実際「不慮の事故」で一般に想起される交通事故の6倍も家庭内の事故（風呂での溺死、階段からの転落死など）が起きています。一人暮らしのリスクは大きいのです。

高齢化・人口減少に直面する日本について、「何年後に人口が何パーセント減少する」といった数字を押さえておくことはもちろん重要ですが、その数字が持つインパクトについて想像力を働かせて具体的な姿でイメージし、実感としての危機意識を持つことが大切です。このように、データに注目することで常識に疑問を投げかけ、「変わらなくても大丈夫」という抵抗勢力・慣性・惰性を打破していくスキルが得られます。

［共感を得る］

自分のビジョンを明確にした上で、チェンジマネジメントで抵抗勢力を抑えていくためには、相手から共感してもらうことも必要です。権力で相手を従わせるのではなく、相手の賛同を得てフォロワーになってもらうのです。そのためには、しみじみと自分の思いを語り切ることが求められます。相手は「この人は本気なのか、どこまでやる気なのか」を見ています。信用されないとついてきてもらえません。

ここで前著で詳述した「思いのピラミッド」のフレームワークを活用するとよいでしょう（図表3－4）。自分の思いを明確にしていく手法です。これを使って、自分としての変革に対する強い思いをしっかりと語ってください。しみじみ感を共有し、ともに動いてくれる同士・戦友を得ていくのです。

③相手の内発的動機をくすぐる

突破力を発揮するにあたって、今まで述べてきたことは、こちらから相手に対してどのように働きかけるかというプッシュの視点です。自分のやりたいことや革新すべきことを強く主張し

図表3-4　思いのピラミッド

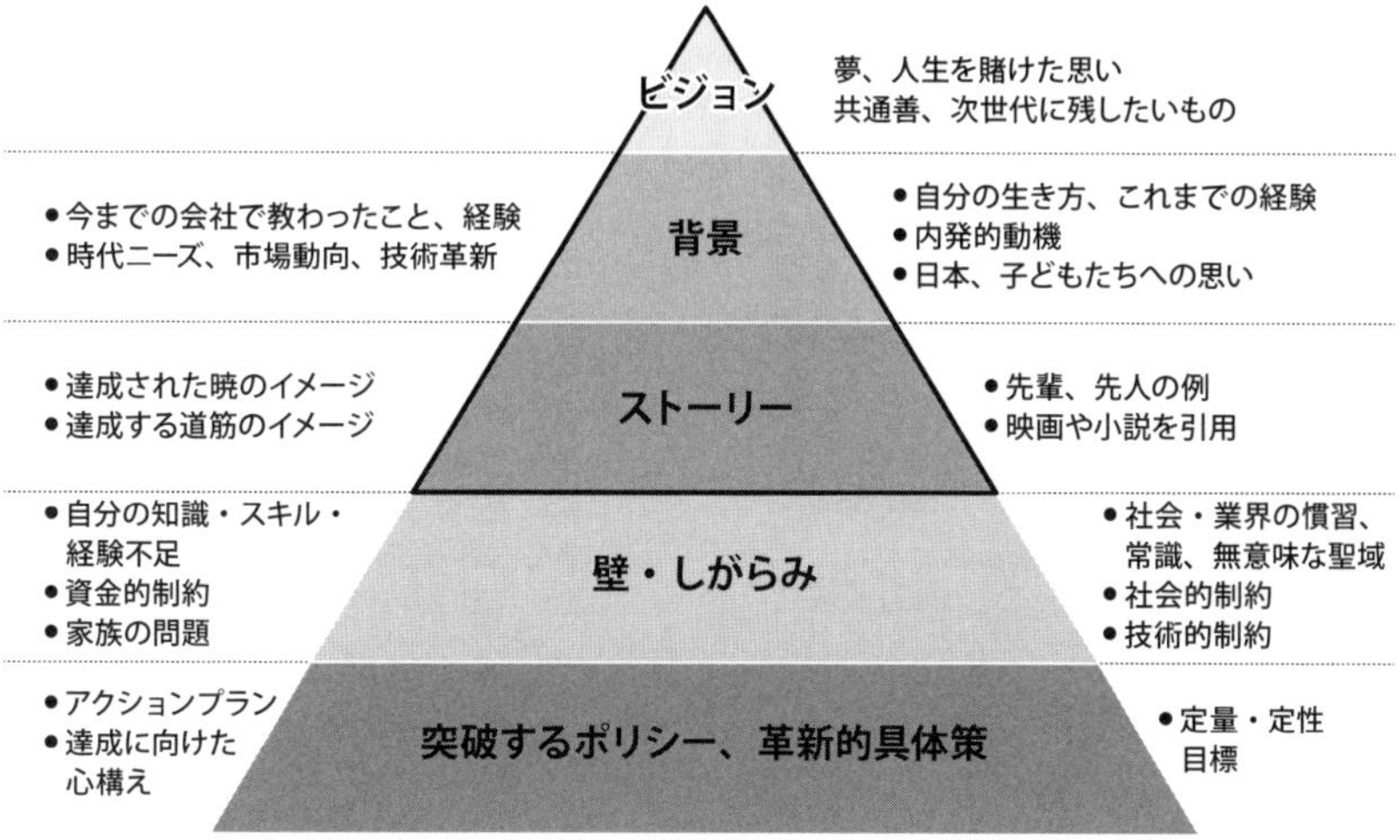

て突破口を開こうというアプローチです。突破力を発揮するには、プッシュのアプローチとともにプルの姿勢も必要です。それが内発的動機、つまり、相手の内部から生まれるやる気です。どのように言われれば相手が動きやすくなるのか、どのような働きかけがあれば動きたくなるのかを考え、相手の内発的動機をくすぐることも突破力につながります。

内発的動機とは相手の内側から湧き出てくるモチベーションです。お金や昇進のためではなく、「やるべきだから」「やりたいから」変革に参加したいと思わせるようにするものです。突破力を発揮してイノベーターになっていくためには、動かしたい相手の内発的動機を理解し、どのようにすれば相手を動かせるのかに気を配る必要があります。

ＥＱＩＱ社は、「Attuned」という内発的動機とその充足度であるエンゲージメントを計測

図表3-5　内発的動機を表す11のモチベーター

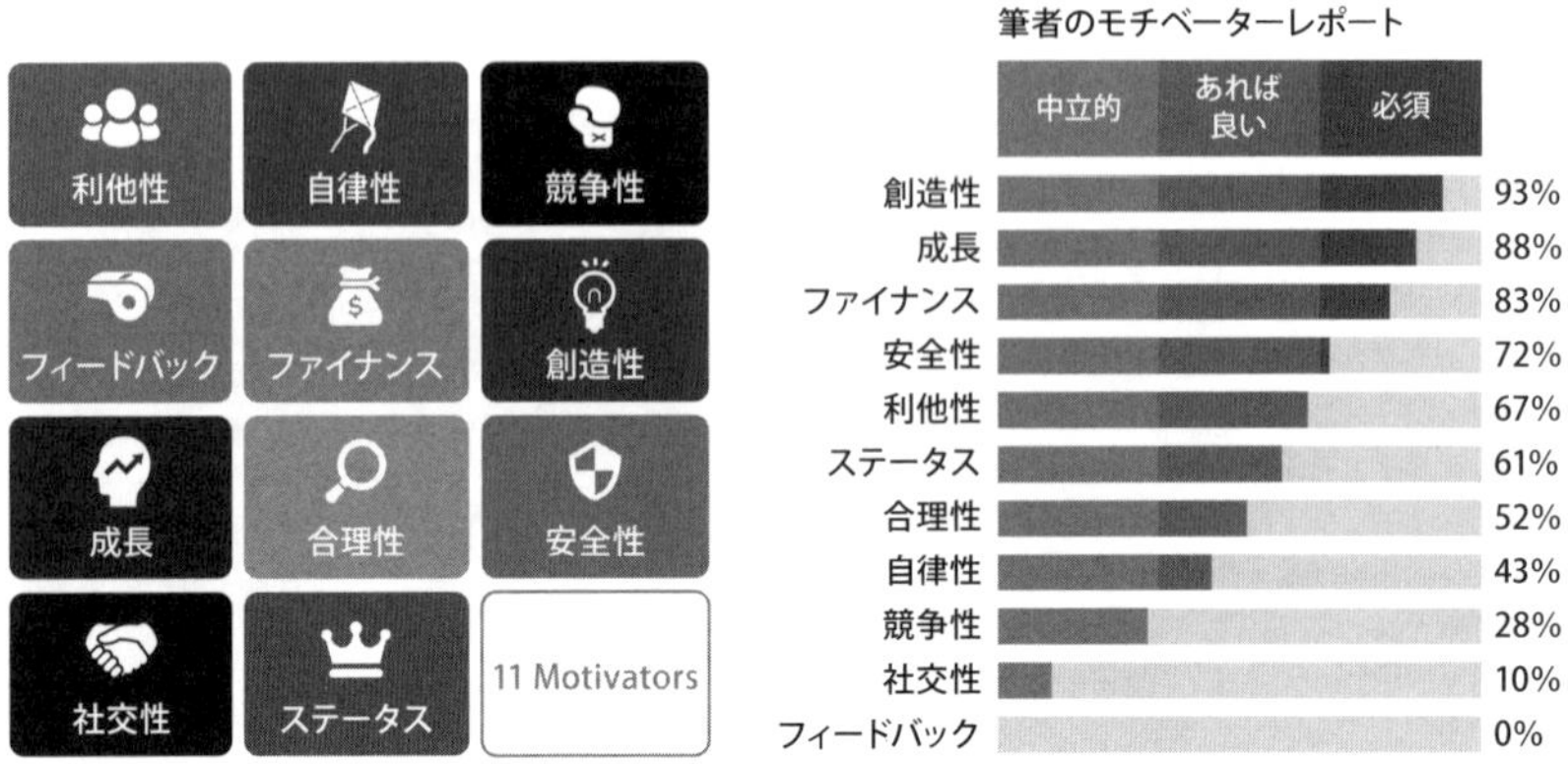

（出所）EQIQ「Attuned」HP

するツールを提供しています。心理学の知見に基づき、内発的動機に影響する要素「モチベーター」を11個に整理しており、50の質問に答えると自分の持っている内発的動機が診断されます。各モチベーターへの要求度が数値化され、自分の気づかない内面の動機が可視化されます。自分自身を診断するとともに、動かしたい相手の内発的動機を探るのも1つのやり方でしょう。

「成長」に対する内発的動機の強い人には、イノベーションの先にある個人的な成長やビジネスの発展を前面に出すことで、心を動かせます。「ファイナンス」に対する内発的動機の強い人に対しては、イノベーションの金銭的なリターンを示すことで興味を持ってもらえます。相手の内発的動機によって自分のトークを変えていくと、結果的には、それが自分と相手との距離感を縮めることにもつながり、相手からの共感を得る近道にもなるでしょう。

私の場合は創造性、成長、ファイナンスが上位に来ています。ですので、「この仕事をやったら『きわめて創造的なブレークスルーにつながるから』大変だけれども頼むよ」といわれたら悪い気はしませんし、やる気が出てしまいます！　実はこうしたことがよくいわれる「人に寄り添う」ということの現実的な解なのだと思います。気持ちをわかってあげる、同じ目線に立つということも寄り添うことなのですが、その人らしい行動を促す理由を示すことは決して操作主義ではなく、相手への愛情にほかならないのではないでしょうか。

3

イノベーターシップストーリー No.3

突破力で業界初の美容液を開発、「お化け商品」に育てる

元コーセー・マーケティング本部副本部長兼商品開発部長、研究所長

荒金久美

荒金久美氏は1981年に現在のコーセーに入社、化粧品業界にさまざまなイノベーションを起こしてきました。化粧品の原料を分析する研究室からキャリアをスタートさせ、新たな製

品に向けた原料開発を手掛ける開発グループなどを経て、商品開発、マーケティング、品質保証などそれぞれの分野でリーダーとしてコーセーを牽引してきました。数多くのヒット商品を世の中に送り出したことが認められ、2005年には『日経ウーマン』主催のウーマン・オブ・ザ・イヤー2005（ヒットメーカー部門2位、総合8位）を受賞されました。現在はカゴメやクボタなどの社外取締役を務めています。

ここではイノベーターシップの「突破力」に焦点を当て、リポソームという素材を使った業界初の美容液「モイスチュア リポソーム」（1992年発売）の開発と、業界初の皮膚の水分保持能改善美容液「モイスチュア スキンリペア」（2004年発売）の開発についてとくにお話を伺いながら、荒金氏の「突破力」がどこにあるのか、掘り下げて見ていきましょう。

＊＊＊＊＊

徳岡：コーセーの最高級ブランド「コスメデコルテ」のラインナップが「モイスチュア リポソーム」ですね。この美容液は1992年に発売されましたが、その後25年間の累計販売数量が844万本になり、一

▼プロフィール

荒金久美（あらかね・くみ）

元コーセー・マーケティング本部副本部長兼商品開発部長、研究所長

大分県生まれ。1981年東京大学大学院薬学系研究科修士課程修了。小林コーセー（現コーセー）に入社。研究所にて化粧品の分析研究、基礎研究、素材開発に携わる。97年東京大学薬学部にて薬学博士の学位取得。その後、執行役員マーケティング本部副本部長兼商品開発部長、執行役員研究所長、取締役品質保証部・購買部・商品デザイン部担当を歴任。現在、クボタ社外取締役、カゴメ社外取締役、戸田建設社外取締役。

度も売上を落としたことがないなど、コーセーのお化け商品だといわれています。最近コーセーはこの美容液の広告に大谷翔平選手を起用して話題になりましたが、32年前に発売した商品にもかかわらず、今でもコーセーを代表する商品であり続けるところは、素晴らしいですね。コーセーがいかにこの商品を大事にしているかも窺えます。

ヒット商品を世の中に送り出してきた方だと聞くと、商品開発部門やマーケティング部門で育ってこられたと思ってしまいますが、実は荒金さんは製品開発にまったく関係ない部署にいながらリポソームの美容液を開発されたんですよね。まずそのあたりのことからお話しいただけますか?

荒金：私は薬学修士という理系のバックグラウンドですから、コーセー入社後は研究所に配属されました。化粧品に使う原料が規格に適合しているか、不純物や有害物質が混入していないかなどを分析するのが最初の仕事です。入社して3〜4年経ったころに、当時新素材として注目を集めていたリポソームとの出合いがありました。

当時リポソームに注目していたのは医薬品業界でした。薬剤を必要な時間、狙った場所に、必要最小限届けて最大限の効果を引き出すことを目指す仕組みをドラッグデリバリーシステムといいますが、リポソームはこのドラッグデリバリーシステムの最有力候補の1つだったのです。

もちろんコーセーで製品を開発する部門も、当時の流行に乗ってリポソームを使った化粧品を研究していましたので、その流れで私のチームに成分の分析の依頼がきたわけです。リポソームは私たちの肌に含まれるリン脂質が多重層になった微小なカプセルです。この成分について自分なりに調べ、世の中の動きを見ていく中で、今までなかった化粧品の概念を生み出せるのではないかという思いが湧いてきました。マーケティング調査をしたわけでもないですし、ユーザーにインタビューをしたわけでもありません。何となくの「感触」で、これまでにない化粧品と出合うわくわく感のようなものを感じたのです。その「わくわく感」の可能性を突き詰めてみたい、と思ったのが開発の始まりです。

イノベーションの本質とは、技術的な革新だけではなく、顧客にとって「新しい価値」があるかどうかだと考えています。そういう意味で、誰も注目していないアイデアや着眼点を「思いつく」ことが起点になると思います。結局、リポソームに注目してからそれが化粧品として発売されるまでには7年もの時間がかかってしまいました。

●「突破すべき難局」が3つあった

徳岡：製品開発に7年というのは化粧品としては長いほうですよね。発売にいたるまでにさまざまな障壁があったと聞いています。「突破力」という観点から、どういった難局があって、それをどのように粘り強く乗り越えてきたのか、お話しいただけますか。

荒金：化粧品会社は1年に何百種類もの新製品を出します。1つの製品の開発期間が数カ月ということもあります。ですから、7年というのは確かに長いですね。これだけ時間がかかってしまった理由、つまり、「突破すべき難局」というのは大きく分けて3つあったと思います。1つは組織の壁、2つ目は認可の問題、最後は技術的な問題です。

組織の壁というのは、研究所の中で全面的にはサポートしてもらえなかったことです。リポソームの研究を始めた頃の私はまだ管理職でもないただの研究員。もう1人、リポソームに興味を持っていた人と2人で、製剤的な研究と薬理的な研究を分担して進めていました。直属の上司はこの研究を認めてくれていましたが、研究所全体としては何となく認めてもらえないというか認めたくないという雰囲気があって、社内の研究報告会では発表させてもらえても、学会では発表させてもらえないとか、他部門の人たちに「あいつら何をやっているんだ」みたいなことをいわれたり……。

私のチームとは別に新製品を開発する部門がありました。会社ですから、組織としてどの部門が何をするということがはっきり決まっています。製品開発部門にしてみたら、私の取り組みは組織的な分業を超越したアプローチだと映るわけです。会社の既存の仕組みに従わなかったところからも、私のリポソームの研究に対して抵抗感が生まれたのだと思います。

また、基礎研究やデータを積み上げて化粧品を開発しようとするやり方に否定的な人もいました。当時の化粧品の開発は感性による「職人技」みたいな部分がありました。素材の皮膚科学的な効果を検証したり、中長期で素材や製剤を開発したりする部門もなかったため、保守本流の職人技で化粧品を開発するような製品開発の方からは、「化粧品は基礎研究なんかでできるもんじゃない」とまで言われました。陰では「基礎研究から新しい化粧品ができるなんていう『悪い例』を作らせるな」という話も出ていたことを後から知りました。データ主導の私のやり方が成功して、それが主流として定着することへの警戒感があったようです。

2つ目の障壁は厚生労働省の認可です。今の化粧品は届出制ですが、当時は申請して認可が下りないと販売できないものでした。とくに新しい素材を使うものはハードルが高かったです。リポソームはドラッグデリバリーシステムで注目されていて医薬品的な要素が強かったため、薬事法（現薬機法）違反にならない、つまり医薬品ではなくて化粧品であるという位置づけを明確にする必要がありました。安全性や有効性をきちんと証明できない限り製品名に「リポソーム」という名称を使ってはならない、という通達も出たぐらいです。

こういった「初」ものには、有効性や安全性の証明にも、審査や認可にも非常に時間がかかるものです。厚生労働省から求められたものには、要件を満たすデータを1つ1つ粘り強く出していきました。競合他社はリポソームの認可など無理だろうということで、最初からトライせずに手を引いていたぐらいです。

技術的な問題もありました。化粧品として使うためには室温で3年間安定した品質を保てることを証明する必要があります。リポソームの安定性は当時室温ではせいぜい1日くらいでした。材料の種類の問題や、リポソーム製造の量産体制がなかったことなどがネックで、化粧品として上市できる安定性を確保するためには技術的なブレークスルーが必要だったのです。

●「自分の思い」という主観を磨く

徳岡：開発にも認可にも、技術的なブレークスルーにも非常に時間がかかってきたわけですね。会社としても全面的に認めてくれていないものをこれだけ長い間諦めずに温め続けてきたというのはすごいことです。

荒金：化粧品ということもあって、私自身が1人のユーザーでもあるわけです。ユーザーの立場でどのような化粧品があったらいいか考えると、世の中が望んでいる方向性のようなものが見えてきます。それをリポソームに感じることができたのです。「自分の思い」という主観を磨くことがイノベーションには大切だと思います。いくら客観的なデータを積み重ねても、何がヒットするかは誰も教えてくれないですから。いかに普段の生活の中の身近なことに対して顧客目線で新たなアイデアを思いつくか、人々のニーズの本質を見極めることができるか、ということだと思います。

先ほど、リポソームは医薬品的な要素が非常に強かったと申し上げました。でも私としてはそういう医薬品的な要素ではなくて、「肌に長くとどまる」「肌に食い込む」といった性質など、化粧品としてのリポソームの意義や使い方があると確信していました。そこにこだわって、化粧品的な面でのリポソームの機能をクローズアップして、社内を説得しました。厚生労働省に対しても、血液に入っていく医薬品ではなくて、肌にとどまるという化粧品的な性質を前面に出して認めてもらったんです。化粧品としてのリポソームのストーリーを作った、ということでしょうか。

徳岡：強い思いを軸に、諦めずにあの手この手を繰り出す。しがらみ打破、リスクテイク、顧客志向という突破力の3要素をそのまま実践されています。このリポソーム美容液の開発を通じて培った荒金さん流の突破力のエッセンスを共有してもらえますか。

荒金：まずは、会社の方針や方向性が明確に決まっていなくても平気になりました。方向性は自分たちで作るものですから。それから、反対したり、反発したりする方々の本当の心理や背景がわかるようになりました。若手が頭角を現すのは面白くない、新しい芽が出ると自分の立場がまずくなる、といったメンツにこだわる人がいることも見えてきました。ベテランや経験の長い人ほどできない理由を先に並べますが、それでは前に進まないということも学びました。「ありえない」「それは無理」「これしかない」という前提に立ってはダメなのです。

私は化粧品の分析を担当する研究室に配属されて、研究所の中では本流から外れたところからスタートしました。その後、成分の機能を評価して新しい製品を開発していくグループが新設されて、そこのグループリーダーになったわけですが、新しい部署で、どういう成果を期待されているのかも明確ではありませんでした。それでも部署の存在意義を高めて、開発につなげていきたいという思いがありました。

これはガチガチにやってもだめなことで、塩梅みたいなものがあると思います。過去を踏襲することなく、開発できる態勢を保ちつつ、新しいことをやり抜く姿勢が問われていたと思います。こういった経験を通して会社の組織の中で、話を通していくコツのようなものをつかむこともできました。つまり、どこを押せばドアが開くか、ということです。

●「モイスチュア　スキンリペア」が大ヒット

徳岡：では、２００４年に発売された業界初の皮膚の水分保持能改善美容液「モイスチュア　スキンリペア」の開発に話を進めましょうか。こちらも発売から1年で１００万個を売り上げる大ヒット製品に成長しましたが、技術面というよりは、組織面でさまざまな格闘があったと伺っています。

荒金：リポソームの美容液はイチから開発したものですが、モイスチュア　スキンリペアは他社が開発した「ライスパワー　№.11」という有効成分を使ったもので、オープンイノベーション的な意味合いが強いものです。四国の小さな酒造メーカーが、発酵技術を酒以外の分野にも応用したいと技術開発に取り組み、米を発酵させて「ライスパワー」という各種のエキスを作りました。その№.11のエキスが肌の水分保持機能を改善し、保湿力を劇的に高める性質を持っていたのです。

素晴らしい素材ではあるものの、酒造メーカーには販路や商品開発のノウハウなどがなく展開しきれていなかったので、コーセーの製剤化技術、商品開発量、マーケティング、販路等が、「ライスパワー No.11」を配合した化粧品の素晴らしさを多くの方に実感していただくのに絶対役立つと確信して、「ぜひ我々と共同開発をさせてほしい」とお願いしたんです。

ちょうどリポソームが一段落した頃で、私としては次の世代の化粧品は何かを考え始めていた時期です。その中で、アンチエイジングに注目した何かを生み出したいと考えていました。アンチエイジングは男性にも女性にも大きなテーマですが、これを化粧品でかなえられたらいいだろうな、と。皮膚の老化を引き起こす因子を探り出して、それを防ぐ物質を研究したいという思いがありました。シワをなくせるとか、肌を白くするとか、そういう物質を化粧品として製品にしたいという思いがありました。

もう1つ、「予防」「補う」「守る」といった従来の化粧品の概念を超えて、「改善」という一歩進んだ効果があれば素晴らしいとも思っていました。化粧品というのは薬ではないため効果がマイルドに設定されています。それでも今まであったシワやシミがなくなる、「改善」という機能を化粧品で追求したいな、と。

「ライスパワー No.11」を紹介してくださった方がいて、共同開発の話を進めるために研究所長を連れて四国の酒造メーカーまで足を運んだのを覚えています。酒を造る発酵技術を応用して新しい成分を創り出したい、という酒造メーカーの社長の考え方に共感して手を組むことにしたのです。

水分保持機能の改善という認可が厚生労働省から下りていた原料なのですが、実際にエキスを持ち帰ると、見た目はミネラルウォーターのように無色透明ですし、分析にまわすとアミノ酸とペプチドぐらいしか出てこないんです。皮膚の保湿を改善するきっかけになるような成分が何も見当たらない。「ミネラルウォーターにアミノ酸を溶かしたものを渡されたんじゃないですか、だまされていますよ」などと社内ではいわれたりしたものです。

化粧品会社は自社で原料調達、合成、素材開発などすべてをやろうとするとコストが見合いません。よって、食品会社や製薬会社などさまざまなプレイヤーと共同開発しながら化粧品に仕上げていきます。もちろん、その段取りは化粧品原料の開発を専門にやっているような原料メーカーさんとではスムーズです。しかし、今回の相手の酒造メーカーさんはいつも組むようなパートナーとは違って、化粧品原料開発の手順が独特で、必ずしもこちらの思うとおりには動いてくれないのです。

普段のやり方と異なる動きをする相手に対して研究所の人は厳しいと感じました。「四国の小さな酒造メーカーが水分保持機能の改善という認可をどうやって取ったのか、業界トップの化粧品メーカーでも認可を取れていないのに、あり得ない」という頭ごなしの姿勢です。自分たちのやり方や考え方に当てはまらないものは排除しようという姿勢があったと思います。

徳岡：日本の大企業は中小企業やスタートアップと対等に付き合い、共創していくのがたいへん苦手だと思います。米国の企業はその点、真逆で、いいものであればリスペクトしてどんどん取り込んでいく。オープンイノベーションのはずなのに、自分たちの既存の枠組みの中で考えて、「共同」どころか相手の使えるところだけ「利用」しようとしていたのですね。

荒金：生み出すものが何であっても、オープンイノベーションのスタート地点は未熟なものですよね。素晴らしい技術を持っているスタートアップ企業でも、ガバナンスがきちんとしていないとか、特許や法務についてわかっていないとか。コーセーだって小さな会社だったはずなのに、四国の酒造メーカーさんに対してはさも大きな会社のようにふるまって、足りないところばかり指摘して自分たちの枠組みに相手をはめようとしていました。

中間管理職ぐらいの立場の方は、「世の中はそうではない」とか、「うちの会社はそんなことできない」とか、「社長はそんなこと思っていない」とか、よく言いますよね。でもトップと直接話してみると、実はちゃんとわかって、中間管理職の人が小さな枠の中で考えて忖度しているだけだったりします。ですから、社長に話を持っていくとすんなり通るのに、案外その下のクラスの方々につぶされたり……ということがよくありますね。

そうした途中のプロセスで猛反対していた中間管理職も、いったん、結果がうまくいき成功したり、社長がゴーサインを出してしまうと、「自分も最初から実は応援していた」とか言って、また忖度するんですよ（笑）。

どんなトップも、もちろん無駄なお金は出してくれませんが、必要なお金は出してくれるものです。もちろん、お金を出していただくからには、こちらもきちんとビジネスモデルを提示する必要があります。ただ「やりたい」と手を挙げるだけではなく、イノベーターの側としても、企業の中で物事を通していくためにはきちんと勉強して、イノベーションが生む成果を見極める必要があると思っています。

Justified true beliefをイノベーターが形式知化して示すことができないとつぶされてしまいます。そのためにはあの手この手を使います。理論武装だけではなくて、たまには情で落とすのもありだと思います（笑）。

徳岡：中間管理職の方はプロセスを大切にしがちですね。うまく話を進めようとするあまり、余計なリスクのあるところを排除してしまうこともあります。面倒なことはやりたくない、という心情ですね。そこの壁にぶち当たったときに止まってしまわないで、どうやってうまく切り抜けていくか、どうやって理論武装してトップまで持っていくか、ということですね。共感してもらえる大義名分とストーリー、その裏打ちとしての荒金さん自身のアンチエイジングへのパーソナルな思いの両輪が回ったのだと思います。

荒金：ひとつ大切だと思うのは、イノベーションの小さな成功を積み重ねて実績を作っていくこと。実際、イノベーションがヒットする確率は2～3割程度だと思います。失敗する確率のほうが大きい。私にも、着目点や機能が非常にいいと確信を持って「これはいける」と発売したのに、売れなかった製品は山のようにあります。挑戦に失敗はつきものです。すべてにおいて成功しなくても、最後は「お前を信じる」と言ってもらえるかどうか、小さな成功を積み重ねて次に挑戦していくチャンスをもらえるかどうか、ということだと思います。

自分が上司の立場になると、信頼の大切さがよくわかります。Ａ４用紙１ページの提案であっても、センスや考え方にピンとくるものもあれば、逆に「これをやりたい！」という思いや意気込みは強くても、視野が狭すぎてＯＫを出す気になれないケースもあります。失敗を重ねつつも、それでも信頼されて、「この人に任せたら大丈夫だ」と思ってもらえる、これが突破力の源泉ではないでしょうか。

先日、ライスパワーエキスを開発した酒造メーカーと私をつないでくださった方に久しぶりにお会いしたんです。私と上司が酒造メーカーを訪問したところから発売に至るまでの経緯を知っている方です。その方から、当時の私の上司から「荒金がこのライスパワーエキスをぜひやりたいと言っているので、何とかしてもらえませんか」とお願いされた、ということを初めて聞かされました。そんなこと本人の口から聞いたこともなくて、私にとっては初耳でした。そういうふうに思ってくださっていたんだ……と感激してしまいました。

徳岡：長いキャリアや人生の中で、プロとしての信頼を勝ち得るまで、粘っていくためには、いろいろな局面で強い思いを持って仕事をしていくことが必要で、信頼に裏打ちされた強い思いがあると、周りもそれを応援したい気持ちになります。そういうものがないと、成功するかどうかわからないものを任せきれないですね。この人は本当にやり遂げるのか、本当に信頼できるのか、見られていますね。思いが信頼を生み出し、信頼が思いの実現を助けるわけです。思いと信頼のスパイラルアップが突破力を引き上げていくといえそうです。

◉「オーラ」のある人材になれるか

荒金：やはり、イノベーションを起こしていくには、まず「思い」が重要です。「客観的に見てこうするほうがいいからやる」というのではなく、「自分はこうやりたいのだ」っていう熱い思いです。

イノベーションを起こした経験のある方に話を聞くと、皆さん同じことをいわれるんです。イノベーションがまっすぐにうまくいくことなんてない、いろんな壁があって大変すぎることのほうが多い、と。それでも、どうしてもこれをやりたい、どうしても世の中をこういうふうにしたい……という思いを皆さん持ち続けているのです。逆にいうと、そういう思いがないとうまくいくものもうまくいきません。何かやろうとすると挫折や障壁は付きものです。組織を変えるのはそんなに生易しいことではありません。組織そのものが抵抗勢力になりますから。

そこを「思い」の力で突破していくには、やはり信頼されている必要があると思います。成功の可能性が2割とか3割でも、この人の思いに賭けてみようと感じさせる何かがある、ということなんです。ある意味、「星」とか「オーラ」といってもいいと思います。

徳岡：なるほど。そういう「オーラ」みたいなものは、突然身につくわけではないですよね。成功や失敗を積み重ねながらチャレンジを続けていく中で、さまざまな障害があるけれども、あの手この手で何とかやっていく、何とかやっていけそうだ、というのを周りの人たちは見ているんですよね。それを信じることで辛いけれども前へ進めるのだと思います。

荒金：そうなんですよね。

面白いことに、研究部門にしてもマーケティング部門にしても、何か新しいことを生み出す職場の場合、人事の話し合いの時には「この人がほしい」と指名されるのは特定の人に集中する傾向にあります。何を見ているのかというと、その人の既存の知識ではないんです。初めてのこと、新しいこと、難しいチャレンジといったものを乗り越えていける力があるのか、ということが見られているのです。この人はどうやってステークホルダーと対話しながら解を見つけられそうか、というところです。

これは業種に関係なく、あらゆる仕事に共通することだと思います。

徳岡：そういう意味では「突破力」は人生の軌跡、しかも人生を賭けた挑戦の歴史そのものですね。それを私はライフイノベーションといっているのですが、連続してライフイノベーションを起こしていく軌跡を周囲はちゃんと見てくれているということですね。組織は障害にもなるけれど、一方で温かく見守ってくれる面もある。どちらになるか、温かく見守ってもらえるかは、その人のイノベーターシップによる。新しいことや初めての挑戦をやり遂げる姿や歴史が、その人のオーラとなってその人にまとわりついている、といえそうです。

そういう意味では、より厳しい環境で自分が試されるダイバーシティがあったほうが突破力は身につきやすいとお考えですか？

荒金：ダイバーシティを女性に限定してしまうと、答えは「ノー」になってしまいます。女性が多ければイノベーションが生まれるのであれば、女子大がイノベーションで突出することになりますよね（笑）。でも、さまざまな考え方の人を受け入れ切磋琢磨しあう土壌があるという意味でのダイバーシティであれば、もちろん、そのほうが突破力は上がると思います。

また、ヒエラルキーのある組織ではイノベーションという意味での突破力は育たないと思います。忖度ばかりして、上のほうで決まった方針をうまくこなすことだけに意識が行ってしまいます。自分で将来を考えたり、自分が何をやるべきなのか、どうやって会社を良くしていくのか考えたりしていく訓練がまったくできなくなります。異なる意見と調整する力も不要です。自分の守備範囲の中でしか行動できなくなるわけです。

徳岡：今まで荒金さんご自身の突破力について話を伺ってきましたが、突破力のある人材を育てるためには何が必要でしょうか。どうやったら突破力を備えた人材が育つのでしょうか。

荒金：先ほど、異なる部門の人材であっても「この人がほしい」という指名は特定の人に集中するとお話ししましたが、それに通じるものがあると思います。「育てる」という言葉がよく使われます。そして私たちも「育てたい」と思います。ですが、残念ながらまったくセンスのない人を育てて生まれ変わらせるのはほぼ不可能なんです。「育てる」というよりは、「見つける」でしょうか。本人が自分でも気づいていないかもしれない突破力を見出すのです。

今振り返ってみれば、私自身もそうだったかもしれないです。自分では自分がイノベーションを起こせるとは思ってもみなかったわけですが、周りに見出してもらって、その力を鍛えてもらった面があると思います。そういう人に新規プロジェクトやグループ会社での仕事など、さまざまな経験をさせることが大切だと思います。そうやって、もともとある芽を大きくしていく、というようなイメージです。そして、「任せた相手がやっている挑戦は組織全体にとっての価値を生む」と上司自身が認めていることを周りにも周知していくことが重要でしょう。

徳岡：突破力とはイノベーションの中でもとくに「体」で体当たりしていく身体知がその本質です。勉強によって知識やスキルとして頭で身につけられないこともないでしょうが、そもそもは体当たりしていく気持ちがある人や、自分自身を突き動かす内なる力を秘めている人、行動主義の人でないと、突破力は発揮できません。

荒金：そうですね。よほどフラットな組織でない限り、何らかのヒエラルキーはあるわけです。それをどうかいくぐっていくのか。商品開発は画期的なものほど不安要素が大きくなり、組織内の抵抗が増します。そうした反発をどのようにねじ伏せて前に進めるか、ということです。私の場合は女性という立場から、どうやって男性主体の社会を逆に手玉に取っていくのか、といった視点もありました。そういうことは、まさに身体知というか、身体に埋め込まれた記憶みたいなものですよね。理屈ではないかもしれないです。周囲に反発されても抵抗されても粘り強く価値を訴え続け、個人の発想や確信を組織の決断になるようドライブしていく、その推進力が必要です。そしてそれを厭わないでやれるエネルギーがあるかどうかが問われます。

＊＊＊＊＊

突破力とは現状打破というイノベーションに必須の行動力です。しかし、それは闇雲に腕力で突き進んでいくものではありません。とくにヒエラルキーの強い普通の大企業や岩盤規制の強い日本社会ではなおさらです。むしろ前章でも検討した実践知を巧みに使いながら、しなやかに組織の壁を突破していく「柳に風折れなし」「外柔内剛」的なやわらかい突破力が重要です。荒金さんはまさにそんな柔らかな行動主義の方でした。

その点で荒金さんは、内面に強烈な思いを持ちながらも、男性社会という難関の中でも、歴史、風土、規制、常識、権力、忖度などのハードルを、時間をかけて解凍したり、時にはねじ伏せたりしながら、成功を収めてきました。突破力というと瞬間芸のようにその一点だけを見がちです。しかし、突破力は人生を賭けて培う信頼と思いの相乗効果によって、大きなイノベーションを連続して起こし、ついには社会にも影響を与えていく人生のプロセスでもあるのです。

時間をかけて、思いを練って、実績を積み重ねることで、じわじわと突破力のオーラを身につけていく。そんな、何かを起こしてくれそうな予感を漂わせるイノベーターシップ人材のイメージを荒金さんのストーリーに見出していただけたと思います。

第4章

パイ（π）型ベース

——知見の深さと広さを併せ持つ

CHAPTER 4

1　パイ（π）型ベースとは何か

2　パイ（π）型ベースを習得するトレーニング

3　イノベーターシップストーリー No.4
「人と違うことをやりたいから」
パイ（π）の足が増える

1 パイ（π）型ベースとは何か

すべての面において猛烈なスピードで変化が進む時代です。人工知能が追い打ちをかけています。仕事で忙しすぎて勉強している時間がない……。大学時代の勉強以来、勉強らしい勉強はしたことがない……。そんな声をよく聞きます。しかしいまや「仕事ばかりしていると、仕事さえできなくなる時代」です。持続可能な自分自身を作り、積極的に未来を創っていかないと、振り回されるだけになります。イノベーションとは自分や家族が住みやすい世の中づくりにコミットしていくことでもあるのです。徒手空拳ではそれはかないません。知恵をブラッシュアップすること、知見のアップデートが重要です。その土台となるのがパイ（π）型ベースです。

●複数の専門性と幅広い教養を兼ね備える

パイ（π）型ベースとは、ギリシャ文字のパイ（π）の形で表される知見の深さと広さです。**複数の専門性（πの二本の足）と幅広い教養（横棒）**を兼ね備えるイメージで、これがイノベーションを発想するためのカギになります（図表4-1）。

図表4-1　パイ（π）型ベース

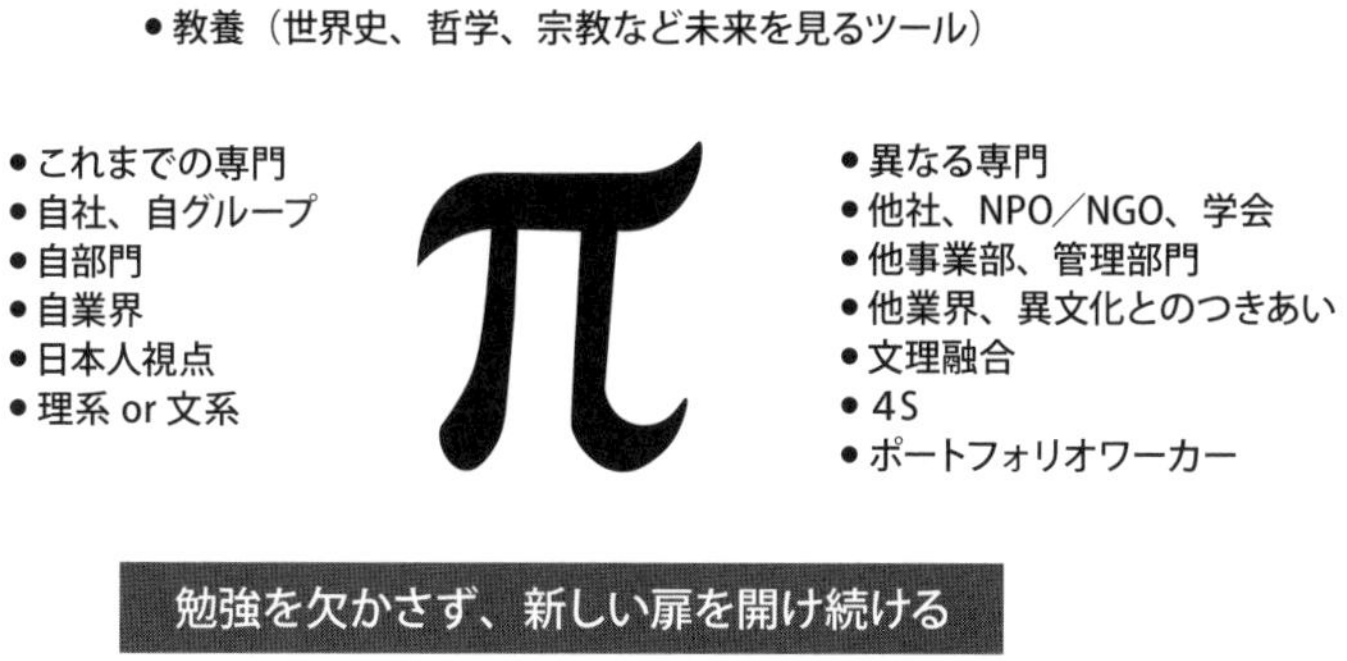

◉複数の専門性＝πの二本の足

「複数の専門性」には2つの側面があります。その1つは、**自分の中に作り上げる知のダイバーシティ**です。部門間の異動、海外勤務、転職、副業などを通じて多様な知見や体験を積み重ね、それを統合していくことで生まれます。もう1つの意味での複数の専門性とは、さまざまな領域の人とつながって、**自分の外に作り上げる知のネットワーク**で専門性を広げていくことです。さまざまな分野の専門家や異なる価値観の他領域の人とネットワーク・人脈を形成すると、バーチャルにであっても自分の知をマルチな領域に広げることができます。

例えば、日本の製造業の大企業に勤めている人が、中小企業やスタートアップ、海外企業、他産業、アナリスト、有識者、医療界、教育界、NPOやNGO、政治家、官公庁、アカデミアといった異分野の人とつながることで、バーチャルではあるけれども他の専門分野の方々の知見と融合した自分の〝専門性〟を広げ、世界を拡大していくことができるでしょう。

自分の内なる専門性と人脈によるバーチャルな専門性の双方を磨いていく努力を通じて、さまざまな「知の交差点」を自分の中に形成することができます。「知の交差点」とは、複数の知が交差し、新たな組み合わせになることで発想が広がり、新たな領域が切り拓かれるところです。

人類史でいえばルネッサンスは典型的な知の交差点でしたし、身の回りですぐに思い起こせるのは、海外経験との交差点でしょう。日本での深い経験を米国での新しい価値に転換している獺祭の事例もそうですし、米国で普及していた業態を日本に持ってきて深化させたセブン‐イレブンも日本と海外の知の交差点でのイノベーションです。スティーブ・ジョブズの有名なエピソードでは、彼が大学時代に習っていたカリグラフィー（書体修飾）とマッキントッシュ開発が融合して、パソコンに様々なフォントを選べる機能が生み出されたというのもあります。昨今のオープンイノベーションも知の交差点の活用です。

このように「知の交差点」が増えると、狭い世界の中だけで判断することがなくなり、現実を無批判にそのまま受け入れたり諦めたりしなくなるでしょう。むしろ、「知の交差点」は異なるアングルで物事を考えて常識を打破していくきっかけになり、新たな知の創造につながります。

私の友人である房広治さん（ＧＶＥ代表）は、大手投資銀行のトップを務めた実績のある金融の専門家だったのですが、ＩＴの勉強をしていました。やがて来るであろうマネーのデジタル化を見越して、その際に決定的に問題になるデジタル送金のセキュリティの技術開発にパートナーとともに取り組み、高度な金融セキュリティシステムを開発してスタートアップを起業。日本には数少ないユニコーンになっています。

スティーブ・ジョブズは「未来は偏在しているだけだ」という言葉を残しています。未来というのは誰も知らない時間軸上の先のポイントにあるのではなく、実は現時点の自分の知らない場所ですでに起きている、という指摘です。時間軸上の先ではなく、平面上のどこかに「未来」があると見ていたのです。つまり、複数の専門性を持って自分の視野を広げていくと、自分の知らない場所で起きているその「未来」を発見することができ、そこを起点にイノベーションを起こせるのです。

●幅広い教養＝πの横棒

一方で、パイ（π）の横棒になるのが「幅広い教養」です。教養とは、多面的なものの見方を身につけ、目の前にある問題をさまざまな次元で考え、適切な質問を通して答えを導き出していく素養のことです。自分自身のしっかりとした見識や価値観を作ることにつながります。

例えば、イノベーターが目指す新しい世界認識について、「新しい資本主義」「ステークホルダー資本主義」「環境負荷低減」「カーボンニュートラルな社会」といったことを言葉として知っているだけではなく、自分としてはどのような見解を持っているか述べられますか？　また、最近の話題では、ＡＩは規制すべきでしょうか、それともＡＩの暴走を防ぐようなテクノロジーが出てくるはずだから自然の流れに任せておくべきでしょうか？

何が正しいのか、何が善なのかは人によって異なることもあります。自分がそうありたいと願う未来を提唱していくわけですから、自分の価値観をベースに幅広く物事を捉え、どう判断していくのか、その軸が必要なのです。

寛容の精神を持って多様な価値観に理解を示しつつ、意見の異なる人たちと議論を通してより普遍的な答え、共通理解を導き出していけるかが問われます。イノベーションで達成したいことはできるだけ多くの人にとって持続可能な価値であり、イノベーションとはより良い世界を生み出そうとする営みだからです。

教養は未来の正義を見通すとともに人間の過去の過ちを示してくれるものです。イノベーターシップを発揮する人材には、「そうありたい」と願う世の中を構想していく力が求められますが、その構想する未来において何が正しいことなのかを感知する能力が必要です。「自分よし、顧客よし、世間よし」の三方よしにとどまらず、「未来よし」という観点を取り込んだ「四方よし」の判断ができなくてはなりません。

そのためには、歴史上の人類の失敗、リーダーの失敗から多くを学べます。大木毅さんの戦史ものや塩野七生さんのローマ文明もの、ユヴァル・ノア・ハラリの著作などを通じて多くを学べます。文明や価値観の大河のような流れを理解し、技術進歩の可能性とリスクにも思いを巡らせた上で、未来の正義とは何かを常に考えることになります。

とくにこれからは人工知能（ＡＩ）の扱いが大きな論点になるでしょう。皆さんはどんな意見を持ちますか？　『ＬＩＦＥ３・０――人工知能時代に人間であるということ』（マックス・

テグマーク、紀伊國屋書店）では人間とは何か、多くの研究者によって議論されていること自体に感銘します。さらに、文学や歴史、哲学、社会学などがあぶりだす人間の性、歴史の過ちにも興味を持って、そこから学ぶことも必要でしょう。寛容や反知性主義などに関する森本あんり氏の論考も刺激的です。豊かな教養を備えたイノベーター人材になるために、読書や講演の視聴、世界への旅などを通じて時代や社会の流れを深く洞察する知的な楽しみに時間を使いたいものです。

2 パイ（π）型ベースを習得するトレーニング

◉パイ（π）型ベースを習得する基本トレーニング

パイ（π）型ベースという土台を作るための基本的なトレーニングとして、①1万時間のトレーニングで軸を作る、②問題意識ワークシートを作成する、③読書と書評ライティングで理解を深める、④7つの知性を駆使して知を体系化する、⑤幅広い体験で高質な判断力を身につける、という5つの手法をご紹介します。

①1万時間のトレーニングで軸を作る

特定の専門分野について一流を極めましょう、という提言です。プロになるために必要なトレーニング時間を1万時間と想定し、自分が学びたいフィールドを決めて、10年間にわたって1日3時間をその勉強に投資します。自分の関心のあるテーマについて、産業、専門、国内、グローバルといった切り口から、情報収集し学びを掘り下げることを意識します。自分の会社での30代の10年、40代の10年で学び続けると思えば、決して途方もないことではないのではないでしょうか。逆に何にも集中せずにいても10年はあっという間に過ぎてしまいます。積み重ねこそが重要であり、そのスタートを切るのは今、この瞬間なのです。

そこまでいかなくても私たちはもっと学習時間を増やす必要があります。衝撃的なデータをご紹介します。２０１６年から２０２１年までの間に働き方改革の効果で、残業時間は月36時間から24時間へと12時間も減りました（オープンワーク調べ）。一方で、ほぼ同期間に勉強時間は１日６分から13分へと7分しか増えていません（総務省統計局）。月に直すと3・5時間です。残業削減をすべて自己投資に回す必要もないかもしれませんが、リスキリングが叫ばれているにもかかわらずこのありさまなのです。未来への危機感を持って行動を始めた人との差はどんどんついていくでしょう。

また世界的に見ても、日本は自己研鑽の意欲の低さが際立っています。パーソル総合研究所の「グローバル就業実態・成長意識調査（２０２２年）」によれば、日本は「とくに何も行っ

図表4−2　日本（人）は自己研鑽の意欲が低い

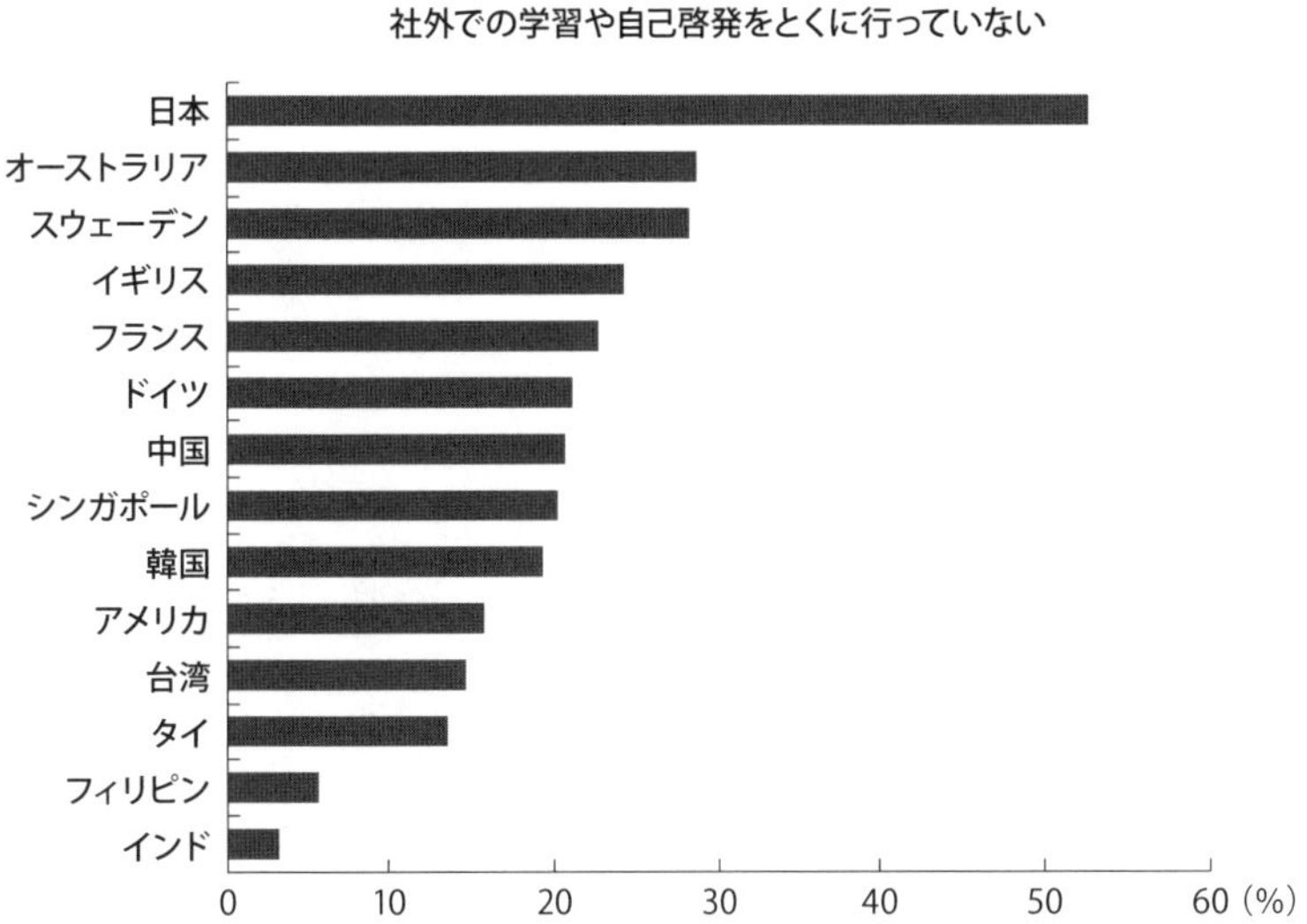

（出所）パーソル総合研究所「グローバル就業実態・成長意識調査（2022年）」より加工して作成

ていない」が5割超と突出して高い数字になっています（図表4−2）。

②問題意識ワークシートを作成する

収集した情報を単なる情報のままに終わらせるのではなく、自分なりに捉えなおして仮説を立て、知に転換していく作業です。疑問に思うこと、問題だと感じることを書き出してみてください。そこに引っ掛かる情報があれば関連づけ、体系化していきます。問題意識リストの厚みと深みが増していくにつれて、自分なりの論理を導き出すことができるでしょう。未来構想力の未来を見ようとする「アンテナ」とも共通しますが、パイ（π）型ベースでは未来視点というよりも、「いま・ここ・自分」を深く見つめる視点です。例えば、日本の外国人移住者の受け入れ態勢、少子化対策、教育問題などについて、どのような問題意識を持っていますか?

③読書と書評ライティングで理解を深める

書評とは、読書を通じて得た情報や著者の問題意識・提案などを自分の言葉で自分の知的体系に載せて再構築していく作業です。ただ本を読むだけでは情報止まりであり、自分の知になったとはいえません。自分の言葉やコンセプトに置き直し、自分自身の知として形式知化させてください。「本の著者の胸を借りた知的道場」とでもいえるでしょう。例えば、「この著者はこの問題についてXXと主張しているが、自分の視点からすると○○は賛同するが、△△の面では……と解釈する。総合してみると◇◇といえるのではないか」のように、自分なりの整理をしてみます。大学院での修士論文の先行研究のクリティークと仮説生成のようなものでもあります。書評ライティングを前提に読書するようになると、漫然とした読書ではなく、本を主体的に読む習慣が身につき、さらに書評を書けるだけの知の基盤を整備していく必要を実感できるようになるでしょう。

④7つの知性を駆使して知を体系化する

7つの知性とは、第1章でも紹介した多摩大学大学院の田坂広志名誉教授が提唱している

「垂直統合の思考法」の7階層の知のことです。すなわち、社会が直面するさまざまな問題を解決するためには、思想、ビジョン、志、戦略、戦術、技術、人間力という7つのレベルの知性をバランスよく身につけ、それぞれのレベルでの思考を適切に切り替えながら、それらを統合できる人材が求められます。この7つの知性についての掘り下げた解説は前著『未来を構想し、現実を変えていく　イノベーターシップ』を参照してください。この7つのレベルを相互に行き来して物事を考えられる「スーパージェネラリスト」を目指してください。

⑤幅広い体験で高質な判断力を身につける

自分の知を体系化した上でより高質な判断（Judgment）を下せるようになるために、実践の経験が必要になります。自分の哲学の明確化、留学、論文作成、講師体験、本の執筆などを通して、自分の経験の多様化・深耕を図ってください。多様な経験やオプションを持ち、質の高い実践的トレーニングを積んでいくことで、自分のキャリアを主体的にコントロールしていくことができるようになるでしょう。

●パイ（π）型ベースを進化させる上級トレーニング

基本的なトレーニングに加えて、本著ではさらに、①越境学習・越境体験をする、②4S＝「シナリオ、スピード、サイエンス、セキュリティ」で時代認識を磨く、③主観を磨く、についてて解説しましょう。

①越境学習・越境体験をする

第3章でも述べた自分自身の「アウェイ」を積極的に作ることをお勧めします。アウェイ体験とは自分が安住できる専門分野、土地、人間関係を出て、見知らぬ領域で刺激を得ることです。一橋大学の野中郁次郎名誉教授は89歳ですが、「学べば学ぶほど知らない世界が増えてくる」と語り、今でも学び続ける姿勢を維持されています。こちらの身が引き締まるような言葉です。

アウェイで身につけた知見や発見は、それを持ち帰ったホームで起こすイノベーションに役立ちます。さらに、アウェイとホームの間を行き来する頻度が増えると、その効果も高まるでしょう。アウェイは体験だけではなく、学習にも当てはまります。誰しも、キャリアの中で専門分野を身につけてプロに育っていくものですが、その過程で「知の交差点」を自分自身の中に育てていくために、ひとつの専門分野に閉じず、それを拡張していく好奇心を持つことが必要です。自分のコアとなる領域を持ちつつ、それを軸に次々と関連領域を広げ、専門分野や関心分野による知のポートフォリオを形成してください。

知のポートフォリオの中心に、自分として依拠すべきセオリーがあると心強いでしょう。コアとして持つべきセオリーは、データサイエンスでも、イノベーションでも、モチベーションでも、マーケティングでも、何でも構いません。単にシステムエンジニア、開発担当、人事、営業といったプロフェッショナルな役割だけではなく、自分の専門の背後にアカデミックなセ

図表4-3　知のポートフォリオ：筆者の場合

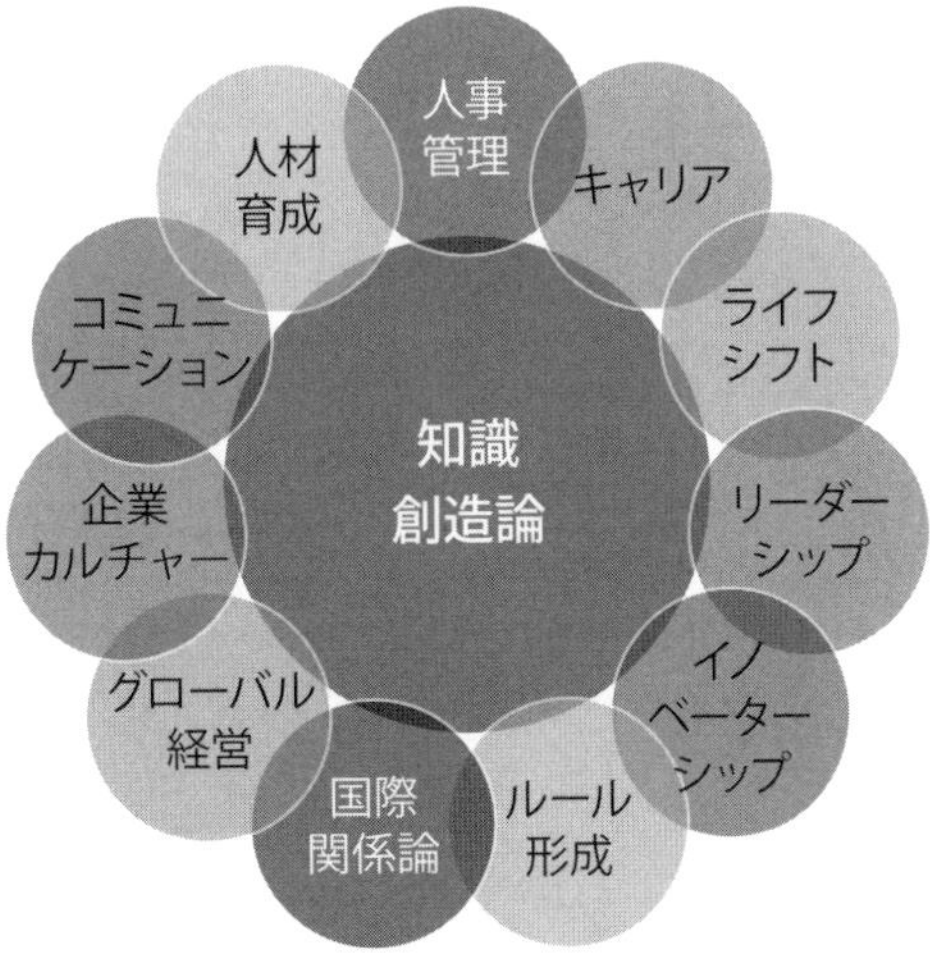

オリーを置いて、自分の知を体系化するのです。それが統合された学習や、応用につながります。

例えば筆者の場合の例を図表4-3に描いてみました。知のポートフォリオのコアには「知識創造論」があり、その周りに2つのコアがあります。一つは日産時代以来の人事管理分野であり、もう一つは大学時代の専攻である国際関係論です。その両分野から40年かけて徐々にいろいろなテーマが専門分野・関心分野としてつながってきています。しかも知識創造論がどのテーマの背後にもあって下支えしてくれています。皆さんは自分のポートフォリオをどのように描き出しますか。

さて、「アウェイ」を体験し、世界が広がっていくと、「仲間」＝人脈も増えていきます。この仲間こそ、人生100年時代のライフシフトに欠かせない「変身資産」（終章参照）の重要な要素です。

筆者は主に40代〜50代のミドル・シニアのビジネスパーソン向けに、5カ月にわたる学びと実践を通じてリスキリングの機会を提供するライフシフト大学を主宰しています。ライフシフトにおいては、時代がどれだけ変化しても、それに合わせて自分を変えていけるセルフイノベーションが欠かせません。そこに必要になる基礎体力を「変身資産」と呼びますが、マインド（チャレンジ精神）、知恵（知識・スキル・経験・教養）、仲間（人脈）、評判（バイネームでの信頼）、健康（フィジカルとメンタル）の5つで構成されています。

ライフシフト大学で学ぶ受講生に対してこの5つの変身資産の中で自分に足りないものが何かを質問すると、圧倒的に「仲間」の資産を挙げる人が多いことがわかっています。仲間とは家族を含めたプライベートで心を許せる親友・心友、仕事がらみの仲間であるビジネスネットワーク、仕事以外の地域や趣味でつながるソーシャルネットワークの3領域ですが、会社のお客様や同僚といったビジネスネットワーク以外の仲間、すなわちソーシャルネットワークが極端に少ないのです。とくに男性は！

リクルートワークス研究所の「5カ国リレーション調査」でも、日本人の人間関係は米国、フランスなどと比べて、同じ職場や会社の同僚か学生時代の友人といった狭い範囲に集中していることがわかります。転職や転勤を経験しなければ、この幅はさらに狭まります。半径5メートルの世界で生きていては専門も教養も広げにくいでしょう。慣習や人間関係など、自分が属する組織固有の知で仕事を済ませてしまうと、社外で通用する専門知を身につけなくても

図表4-4　アウェイ経験リスト

アウェイ経験の種類	自分のアウェイ経験（いつ、どこで）	主な学びや気づき
他産業での勤務経験		
自社と異なる規模の企業（大企業、中堅・中小企業）での勤務・協業経験		
歴史の異なる企業（伝統的企業、スタートアップ）での勤務・協業経験		
外資系企業・海外の企業での勤務・協業経験		
国内での引っ越しを伴う転勤経験		
海外での勤務・生活経験		
NPO／NGOへの参加経験		
官公庁での勤務・協業経験		
政治家とのつながり経験		
国内外での大学院で学んだ経験		
趣味・研究のサークル／コミュニティ活動、ボランティア参加など		
その他		

習熟や慣れだけで仕事ができてしまい、忖度もはびこってしまいます。

自分の経験の多様性を俯瞰するためには「アウェイ経験リスト」が役立つでしょう。他産業での勤務経験、自社と異なる規模の企業（大企業、中堅・中小企業）での勤務・協業経験、歴史の異なる企業（伝統的企業、スタートアップ）での勤務・協業経験、外資系企業・海外の企業での勤務・協業経験、国内での引っ越しを伴う転勤経験、海外での勤務・生活経験、NPO／NGOへの参加経験、官公庁での勤務・協業経験、政治家とのつながり経験、国内外での大学院で学んだ経験、趣味・研究のサークル／コミュニティ活動、ボランティア参加などなど、自分のアウェイ経験を表に書き入れてみてください（図表4－4）。

②4S「シナリオ、スピード、サイエンス、セキュリティ」で時代認識を磨く

先述した房広治氏（GVE代表）と私が共同で執筆した『リスキリング超入門 DXより重要なビジネスパーソンの「戦略的学び直し」』（KADOKAWA）では、「4つのS」を軸にした学び直しを提唱しています。「4つのS」とは、シナリオ（Scenario）、スピード（Speed）、サイエンス（Science）、セキュリティ（Security）のことです。世界はどこへ向かっているのか、日本はその中でどのような立ち位置にあるのかといった時代認識を磨くためにも、この4つのSが重要になると考えています。なぜならば、この4つのSで日本は圧倒的に遅れているからです。日本の未来を支えイノベーションを起こしていくイノベーターシップ人材は、この4Sの挽回に関心を持っていただきたいのです。

シナリオ（Scenario）とは、不透明な未来を見通す力です。未来に起きることを思い描き、そこからバックキャストして現在を眺めるシナリオ思考を身につけることが重要です。シナリオがあると、現在自分がいる場所から、思い描いた未来に至るまでに必要なことが見えてきます。目の前に問題があっても、それは未来に至る過程で克服すべき課題だと考え、現在と未来のギャップを埋めるべく技術やサービス、プラットフォームなどのソリューションを導き出すことができるでしょう。シナリオ思考の反対は出たとこ勝負や漸進思考です。

スピード（Speed）とは世界に通用する速さを生む決断力です。タイムリーに決めて、実行

し、前進できるという責任能力であるといえます。従来の日本企業ではボトムアップでコンセンサスを形成していくやり方が一般的でしたが、変化の激しい時代では、相談ばかりしていて何も決められないという負の側面が大きくなっています。今求められているのは、仮説を立てて物事を検証しながら、デジタルの力も活用して素早く進めていける行動力です。そのためには自分が主体的にリーダーシップを取って仲間を鼓舞し、責任を取っていこうという意志力と決断力が求められます。

サイエンス（Science）は決断を支える合理的思考力です。イノベーターは未来を構想し、そこに向かって周囲を巻き込んでいく人のことですが、自分の理念に向けて人を動かしていくためには明確な理論的根拠やデータが必要になります。自分の価値観や熱い思い、世界を変えたいという志や夢の正当性を証明し、実現していく力の背後にはサイエンスが必要です。熱い思いでビジョンを描き、サイエンスで検証し普遍化していくことで、グローバルな仲間を得て推進力や想像力に弾みをつけることができます。

セキュリティ（Security）とは、自分の土俵を創り、守る力です。これまで一定の前提で動いていた世界経済に大きなパラダイムシフトが起きており、世界の枠組みが変わってきています。その中で、自分を守り、成功し繁栄していくために新しいルールを自らの手で作る意識こそセキュリティの根幹です。日本はこれまで自国に閉じ、米国の傘の下で生きてこられましたし、デジタルも弱くてセキュリティの感度は低かったわけです。気候変動、人権、サイバーセキュリティといったさまざまな問題に対するリスク感度を磨くと、地球全体や人類の未来と

図表4−5　今、日本に必要なリスキリングは4S

日本の弱点、失われた30年の理由は4Sにあり。これからのデジタルワールドで生き残るには4S向上が不可欠

1. **Scenario…不透明な未来を見通す力**：未来情報の収集、バックキャスティング、シミュレーションができない ➡ **未来構想力、シナリオプランニング、時代認識、歴史、哲学、教養**
2. **Speed…世界に通用する速さを生む決断力**：意思決定の速さを決めるデータ整備、データドリブンが追いつかず変われない ➡ **リーダーシップ、コミュニケーション、リーダーシップ、組織論、チェンジマネジメント、心理学**
3. **Science…決断を支える合理的思考力**：合理的判断、意思決定ができず、しがらみから抜け出せない ➡ **STEM思考、データサイエンスマインド、論理思考、クリティカルシンキング**
4. **Security…自分の土俵を創り、守る力**：サプライチェーンリスク、知財リスク、地政学・経済安保リスク、サイバー攻撃リスク、人権・個人情報リスクなどに追いつかない ➡ **ビジネスリスクリテラシー、ルールメイキング、地政学、国際関係論、社会課題リテラシー**

いった大きな視点から課題を捉えなおして共通善に向けてなすべきことが見えてくるでしょう。自分自身のレジリエンスを身につけると同時に、社会全体のレジリエンスを高めていくこともイノベーターの役割なのです。

③主観を磨く

主観とはさまざまな事象に対する個人の解釈に基づく見解であり、個人的な定義づけや意味づけのことです。客観的事実やデータそのものではなく、個人として意思を持って目の前の事象を解釈していくことで生まれるのが主観です。単なる想い、気持ち、希望、感想ではなく、意思を持った思いのことです。「**念い**《おも》」「**意い**《おも》」という漢字でも表現でき、**信念**に通じるもの、極めていくと**価値観**だといえます。人それぞれ違うものでありますが、日本では各自の主観を表立って表明しない傾向があります。意見がない場合もありますし、

黙っていたほうが無難だとみなされている場合も多いです。

一方で、主観が個人的になると思い込みや偏狭な考え、邪悪な思考、色眼鏡や偏見にもつながりかねません。そしてそれが放置されると、自分と同じ傾向の情報に泡のように包まれ、自分とは違う意見や情報が見えにくくなってしまう「フィルターバブル」や、自分と似た意見や思想を持った人々の集まる空間において偏った意見や思想が増幅される「エコーチェンバー現象」を生んでしまいます。ヘイトスピーチやキャンセルカルチャーも、間違った主観から生まれるものです。

よって、主観には自分の意見・思いとしてはっきりと主張できる強さと、偏見に片寄らないという意味で、「正当化された真なる信念（Justified true belief）」であるという点が重要になります。対話や話し合いを通じて、互いに自分の主観を表明し皆に受け入れられる共通理解を形成し、相互主観に昇華していくことが重要です。共通理解を保ちつつ、より多くの異なる人にも受け入れられ、最終的には共通善につながる思いや信念が形成されることが理想です。

こうして自分の主観を磨くことは同時に、お互いの主観に対してリスペクトを持つ「寛容（Tolerance）」や、相手を傷つけるような立ち位置を是正していく「礼節（Civility）」にもつながります。主観を一方的に主張するのではなく、他者の主観も理解しようとする立場をとり、ブチ切れるような傷つけあいを避けたいものです。自分の主観を磨きつつ、より多くの人を包摂し動機づけるように動けること、これもイノベーターシップに求められるパイ（π）型の教養においてもう1つ重要な点になります。

同様のことは宗教にもいえるでしょう。教義や宗派の違いはあるものの、宗教とは普遍的に人間愛や救いを基軸にした価値観です。そこには科学的な根拠や客観的な指標では得られない、研ぎ澄まされた主観があります。世界の宗教を学ぶことで、多様な価値観、考え方を受け入れる素地ができます。日本人は宗教に無頓着な人が多いですから、逆にいえば、世界の宗教を俯瞰して見ることができる立場にあるメリットもあると考えます。宗教の視点から自分の主観を相対化してみましょう。

自分の主観を磨いたり、相手の主観に寛容になったりするための1つの手段が芸術に触れることです。絵画、音楽、文学に接し、それをどうやって自分の中で意味づけしていくのか考えます。同じ作品に触れても、個人によって捉え方や見方はまったく異なるはずです。

ライフシフト大学でもコンサルタントの森華子さんによる絵画で主観を表現するクラスを設け、凝り固まったミドル・シニアの頭を柔らかくしています。まずは、芸術に触れて自分なりの感想を持ち、その気持ちや感情を表現することから主観磨きをスタートできます。他人の感想や表現がまったく違うことに気づけば、相手を受け入れていく度量の幅広さにもつながるでしょう。

さらに、概念に対する主観も磨いてください。「○○という概念は何ぞや」という探究心を持って、哲学的にアプローチしていくことも大切です。前著や第1章の基本トレーニングでご紹介した「グローバルウィズダムチャート」を使うと、「世界」「正義」「美」といった抽象的な概念に対して自分がどのような考えを持っているのか、自分の考えに沿って言語化していく助けになります。さまざまな概念を自分なりに再定義する練習を通して主観を磨いていくことができるでしょう。

「世界」「国家」「歴史」「自由」「文明」「宗教」「ダイバーシティ」「人新世」「持続可能性」「愛」「美」「学び」……こういった概念をあなたならどのように定義しますか。

米国人作家ウィリアム・デレズウィッツが『The American Scholar』というウェブ雑誌に寄稿した「Solitude and Leadership: If you want others to follow, learn to be alone with your thoughts」という論考も、主観磨きについて考えるヒントになります。古典を読み、孤独になって、自分自身の生き方を考えること。同僚と自分の信念を語り合うこと。このような時間が取れなくなっている現代社会では、与えられたことを無目的にうまくやっている「優秀な羊」(Excellent sheep)のようなリーダーが量産されていると指摘しています。

『私たちは同調する「自分らしさ」と集団は、いかに影響し合うのか』(ジェイ・ヴァン・バヴェル、ドミニク・J・パッカー、すばる舎)も好著です。イノベーターシップ人材を目指す皆さんはパイ(π)型ベースを強化し、社会の奔流に飲み込まれないようにしましょう。

イノベーターシップストーリー No.4

3

「人と違うことをやりたいから」パイ(π)の足が増える

メンタリスト
DaiGo

メンタリストDaiGo氏は、自身のメディアである「Dラボ」や、YouTube、ニコニコ動画などの動画プラットフォームで、ビジネスや健康法、恋愛などの幅広いジャンルでさまざまな知識や意見を発信し人気を博しているインフルエンサーです。YouTubeのチャンネル登録者数は約226万人。カバーするジャンルの広さがうかがえ、大きな影響力を持っています。

DaiGo氏は心理学に基づいたテクニックを駆使してパフォーマンスを見せる「メンタリズム」を日本に初めて持ち込み、メンタリストとしてテレビなどで活躍してきました。その後、メンタリストのテクニックをビジネスに応用して企業研修やビジネスモデルのアドバイスなどにも活動の幅を広げています。一方で、さまざまなテーマで精力的に著作活動に取り組み、またかなり早い時期から動画配信に軸足を移し、2020年10月にはオウンドメディアのDラボを立ち上げています。一見バラバラに見えるような分野やテーマを関連付け、人間心理を組み合わせて解説していく手法は、まさにパイ（π）型ベースを持つ典型的な例であるといえます。

＊＊＊＊＊

徳岡：イノベーターシップ人材というと、斬新な手法で多彩な活動を展開され、社会にインパクトを与えているという点でまさにＤａｉＧｏさんは、そのモデルのような人だと思います。この対談で、ＤａｉＧｏさんの持つそのイノベーターらしさを引き出したいと考えていますが、まずは、イノベーションやイノベーターシップということについて、ＤａｉＧｏさんの考えをご紹介いただけますか。

ＤａｉＧｏ：イノベーションとは、簡単に言うと「未来を創る」ことだと考えています。自分が住みやすい世界、自分が住みたい世界を作っていく、ということです。ごく一般的な人は漠然と、自分はイノベーションを起こすタイプではないと感じていると思いますが、必ずしも今までなかったような新規なものを生み出すことだけがイノベーションではありません。新たなより良い未来を皆で創っていくことなのです。

▼プロフィール

DaiGo（だいご）
メンタリスト
1986 年生まれ。慶應義塾大学理工学部物理情報工学科卒業。多くの人が抱える人生での悩みの解決法を心理学を応用して解決する、学びのイノベーションとしてのサブスク【D ラボ】を創設。人生が変わる心理学知識を B to C で提供している。最近は生配信、ブラインドテイスティング、エクストリームスポーツ、薪火料理に夢中。

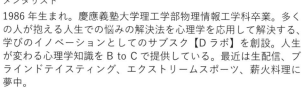

そういう意味で、自分として何かを生み出さない人であっても、イノベーターシップに対する理解を持っておくべきだと思います。何か新しいことをする人は、周りから見たら集中力がないとか、現実的ではないとか、変人だと思われがちです。そうやって、未来を創って社会を変えていこうとする人は足を引っ張られてしまいます。

例えば、誰でも政治家やリーダーたちに世の中を変えてもらうことを期待していますが、実際に何か改革されると変化を恐れたり、抵抗したり、やりすぎだと批判したりしてしまいます。これは、「未来を変える」「未来を創る」という意味でのイノベーションに対する理解がないことが原因です。イノベーターが作り出そうとしている未来があって、自分もその未来で生きていくわけですから、イノベーターを理解せずにかえって邪魔することで自分の未来も阻害することになります。本当は皆イノベーションに参加できるのです。

さらに、自分自身がイノベーションを起こさない人でも、イノベーターについて理解すると面白いことを経験できます。イノベーターシップのある人にくっついていくと、自然と面白いことをやっている企業や人に出会えるでしょう。だから仕事を選ぶ時も、一緒に働く人を判断する時もイノベーターシップがあるかどうか見極めるといいと思います。

徳岡：まさにそのとおりですね。誰でも「いい未来」を求めているのに、自分でそれを創り出す勇気がなかったり、やろうとしている人を止めて保身に走ったりしてしまいがちです。未来を創るには「Will（意欲）」と「Skill（スキル）」の両方が大切ですが、意欲があるから勉強してスキルを身につけたいと思うようになるし、スキルを身につけようと学び出すと「やりたい」「やらなくては」という意欲も生まれるものです。

DaiGoさんの場合は、このWillとSkillがどのようにかみ合っていますか。まさにこれがパイ（π）型ベースにつながることだと思うのですが。

DaiGo：僕はテレビに出演してタレントのような活動をした時期もありましたし、パフォーマンス的なものを応用したプレゼンの知識を企業研修で教えていたこともありますが、そもそも大学での選考は応用物理でした。一方で趣味として心理学も学んでいました。そうやって、他にもやりたいことが出てくると、そのたびにそれに役立つ専門知識を学び足していったのです。

パイ型のπの足は2本ですが、それが10本にも20本にもなって、そうすると2本よりも安定感が増すということも実感しています。そして自分の目指す世界、Willですね、それが広がっていく。WillとSkillがスパイラルアップしているのは実感し、大きなパイ型になっていっているように思います。

●人と違うことを人と違うやり方でやりたい

徳岡：少し前までは、深い知識と専門性を表す「T字型」の人材がよしとされていましたが、それでは新しいことがどんどん出てくる今の時代では対応できなくなっていますね。足が1本だとリスクが高すぎるし、その足そのものが不要になる可能性だってあります。ＤａｉＧｏさんは、たくさんの足を作っていくうちに、それぞれの領域が重なり合って、掛け算としてさらに広がり、自分ならではのストーリーのようなものができあがるのをご経験されていると思います。いつ頃からそういうふうに感じるようになりましたか。

DaiGo：僕の場合、意図的に複数の専門性を持とうと思ったことはありません。ただ、昔から協調性が非常に低くて、人と違うことをしたいという欲求がものすごく強かったんです。みんなと同じはイヤだ、と。それで人と違うことを人と違うやり方でやりたいと思ったら、人とは違う知識が必要になります。それで自然といろいろな知識が身についてきました。

例えば、幼稚園の工作の時間に凧を作ることになった時に、僕だけはみんなと同じ四角い凧がイヤで、三角形の凧を作ったことがあります。そうすると、凧の上部と下部で受ける風の圧力が異なってくるのでその三角の凧はクルクルまわってしまって、うまく揚がらないんですね。それでも四角い凧がイヤだから、何とか三角の凧を飛ばしたいとあの手この手を試すわけです。いろいろやっていくうちに、下に長いしっぽを付けたら重心がずれて回転を止められるということに気づきました。大人になってから調べたらそういう凧はすでに存在していて僕の発見ではないんですが、そうやって人と違うことをやるために、いろいろ試していくのは子どもの頃からのクセだったようです。

凧のしっぽのように、最初は１つ１つ手あたり次第に、興味関心の向いた分野の知識をゼロから学んで試行錯誤するのですが、複雑なことになるとすべての可能性を自分1人で検証することはできません。ところが成長するにつれて、本を読めば本にはいろいろな答えや、さまざまな物の見方が書いてあることを学びました。さらに、世の中に転がっているいろいろな知識をみんなと違う使い方、違う組み合わせ方をしたら面白いとも考えるようになりました。

例えば「メンタリスト」は日本では知られていませんでしたが、それそのものは英国の占い師や米国のショービジネスなどで使われていたテクニックでした。これを日本に持ってくる時に、海外のメンタリストと同じことをしても面白くないので、心理学や物理学の要素を盛り込んで、組み合わせて使ったら面白いなと考えたわけです。

最初から体系的にパイ（π）型ベースを身につけようとしたわけではなく、人と違うことを人と違うやり方でやりたいと思っているうちに、必然的にいろいろな分野の面白い知識が集まってきて、パイ（π）型の足になっているのだと思います。

徳岡：動機って大切ですね。逆の見方をすると、パイ（π）型ベースを作ろうと思って、いろいろな知識を集めてきても、それをうまく使いこなせなかったら単なる「物知り」で終わってしまいます。いろいろ知っているだけで何も生み出せない人です。「人と違うことをやる」というのはまさにイノベーターの特質ですが、ＤａｉＧｏさんはそもそも性格的にそういうものを持っておられたのですね。

Ｄａｉ Ｇｏ：「人と違うことをやりたい」という欲求がある反面、「人と同じことをやってもうまくできない」というのも事実でした。周りの人と同じ物差しで測ると、自分の能力はそれほど高くないんです。逆に、自分の能力を使ってみんなと同じことができないのであれば、違うことをやるしかない、違うやり方を試行錯誤するしかない、ということです。自分が今生きている社会の常識が自分にとって生きづらいのであれば、自分が常識やルールを決められる場を作るしかないんです。たとえば、Ｄラボはそういう場で、僕が決めて僕が運営しています。そうやって必要に迫られて、今のようになっていった部分もあると思います。

「合理的な人間が世界を変えることはできない」と言った人がいます。合理的な人は自分を社会に合わせようとしますし、それができるから、かえって社会は変わりません。ところが非合理的で社会に合わせられない人は、逆に社会を自分に合わせようとします。だから社会を変えていけるんだ、ということです。

●答えを探すのではなく、問題を探す

徳岡：まさにそうですね。合理的な人は頭の回転が速くて、「世の中ってこういうものだよね」と納得して、「処理」して、その中でうまく立ち回ろうとします。何かがおかしいと感じる人、そのおかしさに耐えられない人、流されない人こそがイノベーターですね。

スティーブ・ジョブズは「未来は偏在している」と言っています。未来というのは遠い先にあるものではなく、すでにあるものの中に見出せる、という意味です。要は未来が来るのを

待ったり、与えられたものをうまくこなしたりするのではなく、自分の未来を自分らしく主体的に世界を広く見て創ってしまおうというプロアクティブさです。メンタリズムを日本に持ち込む時に心理学や物理学を組み合わせ「知の交差点」を作った、というのもまさにイノベーションですものね。

DaiGo：なるほど、ウォークマンとｉモードとカメラ付き携帯を足したらｉＰｈｏｎｅになるわけで、ｉＰｈｏｎｅに含まれている要素なんてすでに日本には存在していたけれど、その偏在していたものを組み合わせたところがイノベーションだということですね。どう新しく発想するか、思いつくか、ということがポイントですね。

一方で、そういうのってすごく時間がかかると思うんです。例えば、人類は大昔から肉もパンも食べていたのに、パンの間に肉を挟むハンバーガーが登場するのには何千年もかかっています。モノそのものは存在しているのに、それを組み合わせることはなかなか思いつけないものです。

いつも僕が感じているのは、答えを探してもイノベーションは生まれない、ということです。問題を探すことのほうが重要です。自分の中で何を悩んでいるのか、仕事の何がうまくいかないのか、個人レベルで何が面白くないのか、といったことを突き詰めていくことです。自分の人生のモヤモヤが何で、そのモヤモヤがどこから来ているのかを考えていくと、自分の手持ちの知識を組み合わせたり、自分にはない知識を身につけたりして、何かを生み出すことができるようになります。そうやっているうちに、勝手にパイ（π）型ベースができてくるのではないでしょうか。

◉常識の背景の本質を見極める

徳岡：確かにそうですね。何が問題なのかに気づき、「なぜこうなっているのか」と疑問を持つことが大切です。疑問の反対は「理解してしまうこと」ですよね。そうすると、現実に合わせてしまって、目の前のことに納得して妥協してしまいます。「合理性の罠」とでもいいますか、頭が良すぎてしまってそれ以上発展しないわけです。ＤａｉＧｏさんのお話を聞いていると、いくつもの専門分野を持っていて、特定の分野を深掘りしていくことと併せて、異なる分野を自然に掛け合わせて自分の疑問に答えていくスタイルがよくわかります。

ところで、パイ（π）型ベースの横棒の部分、つまり教養についてはどうでしょうか。今のように時代が変化している中で、何が本当に正しいことなのか価値観の問題が重要になってきます。特定の見方に固執するのではなく幅広く全体を見て、未来も視野に入れて判断していかないといけません。そのための基礎体力という意味で私は教養がとても大事になっていくと思いますが、ＤａｉＧｏさんは教養をどのように身につけてこられましたか。

DaiGo：僕自身は自分が教養のある人間だと思っていないのでなかなか答えにくいですね（笑）。あえていうと、僕にとっての教養というのは、自分が何をすべきか決める時の判断材料、といえるでしょうか。僕は何か気になることがあると、その分野の本を読み漁ります。そうやって自分のいる世界とは違う世界に思いを馳せる時間があることで、いろいろな方向から物事を見ることができるんです。世の中みんなが正しいと思っていることが本当に正しいのか、もし正しくないのであればなぜ正しいと信じられているのか、それに代わるものはないのか……。その答えを考える素地になるものが僕にとっての「教養」といえるかもしれません。

世の中で「常識」といわれているもの、皆が無意識に正しいと信じているもの、変わらない・変えられなくて当然だと考えられていることはたくさんあります。理由もわからずに何となく習慣的にやっていて、無意識だからこそ変えられないし、理由を知らないから変わるのが怖くなるわけです。でもその「正しい」とされていることの背景や理由を知っておくことは必要です。背後にあるものを理解した上でそれを続けるのも1つの選択ですし、明確な目的を持って変えたいのであればその「正しいと思われていること」の中で変えてはいけない本質を見極めることも必要だと思います。

徳岡：なるほど。面白いですね。世の中を理解するとか、大上段に振りかぶって「世の中こうあるべきだ」ということを考えるための教養というよりも、あくまでも自分のシンプルな問いに引き寄せて、世の中がなぜ今こうなっているのか、その背後にあるものを深掘りしてつかんでいくという意味での教養ですね。

DaiGo：知識と知識をつなぐのは、単純に楽しいですよね。例えば、「厄年の意味」について頭の体操をしてみましょう。統計理論を当てはめると、厄年は平均回帰なんです。上がったものは下がる、下がったものは上がるという平均回帰を人生に当てはめると、いいこともあれば、悪いこともある、ということになります。

そこで、今調子のいい人には「3年後に厄年だから今から慎重になれ、準備しておけ」といえます。今つらい思いをしている人には「1年後には厄から抜けるから大丈夫」と伝えられれば、頑張るモチベーションになります。そうやって平均回帰の理論を人生に当てはめつつ、相手のモチベーションにつながるような説明づけをすることで、昔のお寺や神社が檀家さんや氏子さんたちの精神科医的な役割を果たしたんだ、って解釈することもできます。

別の角度から見ると、芸能界では「厄年」には「役年」という漢字が当てられ、役柄が変わる年だといわれています。今まで正統派の主役やヒーローだった人が、悪役に挑戦してみる年ごろです。「それでうまくいった、芸の幅が広がった」となるわけですが、逆の見方をすれば、年齢的にはちょうど役回りが変わる頃合いであるともいえます。

このように「厄年」1つをとっても、さまざまな知識を組み合わせると「常識」とはまったく違う世界が見えてくるんです。こういうふうに知識を組み合わせる技術を磨いておくと、何か自分でやりたいことが出てきた時に、全然違う分野同士を組み合わせることに抵抗がなくなっていくと思います。

●きっかけはＳＦです！

徳岡：文化の背景や人間心理といったものを調べ知識と知識をつないでいくことで、人間の本質に迫っている、メンタリストの真骨頂ですね。ＤａｉＧｏさんが今のような考え方をするようになったきっかけは何かありますか？

ＤａｉＧｏ：きっかけはＳＦです！　ＳＦを通じてさまざまな知識を組み合わせて物事を見ていく今のクセがついてきたと思います。実は小さいころは科学者になりたくて、『バック・トゥ・ザ・フューチャー』のような映画が大好きでした。タイムマシンに興味を持って、それで調べてみたらタイムマシンはどうやら存在していないらしい、と。では、なぜできないのか、何が解決されたらできるのか、何と何を組み合わせたら可能なのか……そういうことを頭の中で考えるのが子どものころから好きでした。

ほとんどの人は「できるか、できないか」を考えます。予言者になろうとしてしまうんです。ところが僕のようにＳＦの発想で考えると、「できるか、できないか」ではなく、「なぜできないのか」「どうやったらできるのか」「なぜこれが今起きていないのか」という考え方になりますよね。解決策を探そうとするという点では、ある意味、イノベーターの思考です。

ＳＦを書く勉強もしました。ＳＦを読んで夢見る子どもたちはたくさんいるかもしれませんが、ＳＦの書き方まで勉強する人はあまりいないでしょうね。でもＳＦって本当にリアルなんです。なんでこんなすごいことを思いつくんだろう、こんな革新的な未来を考えつくんだろう、といつも思います。しかも、未来の世界を描き出すだけではなくて、それに合せて誰もが思いつかなったようなやり方で仮説をつなぎ合わせて、実際に存在している方程式や化学式を組み合わせてその未来をあたかも現実のように見せるんです。ＳＦが好きで、ＳＦの書き方を学んできたことで、発想の仕方がＳＦ的になってきて、それが今の僕のベースになっていると思います。

米国の投資家にピーター・ディアマンディスという方がいます。イノベーションを起こして社会課題を解決することを目的に、シンギュラリティ大学というのを設立したり、民間宇宙開発や先端技術の開発を支援する財団を立ち上げたりして、未来を本気で創造していこうとしています。こうやってＳＦの世界に真面目に取り組んで、その世界を実現しようという人がいるというのは、ものすごく勇気づけられることです。

徳岡：ピーター・ディアマンディスは『２０３０年：すべてが「加速」する世界に備えよ』（NewsPicksパブリッシング）の著者の１人ですね。現実の技術がどこまで進むのか描き出した話ですが、もうほとんどＳＦの世界ですよね。それにしても驚いたのは私もＳＦが大好きなのです。ＳＦからヒントを得て、こんな未来ができるならどう自分はそこに貢献できるだろうか……。そんな風に発想を飛ばしていくことでイノベーターシップの５つの力の最初に挙げた「未来構想力」が身につきます。また日本が弱い未来を見る力をリスキリングするためにも、私の前著、『リスキリング超入門　ＤＸより重要なビジネスパーソンの「戦略的学び直し」』

（ＫＡＤＯＫＡＷＡ）でもＳＦの効果に言及し、この本を推薦図書として取り上げています。

DaiGo：『２０３０年：すべてが「加速」する世界に備えよ』のような未来予測系の本って、ぜひ皆さんに読んでほしいと思います。想像もできないようなとんでもない未来が描き出されていますから、それが思考パターンを変える助けになると思います。人間って「できるかどうか」を考えると不安になります。「できるかな、できないかな」「できなかったらどうしよう」といった思考パターンで不安になってしまうとどうしても保身に回ってしまいます。そうではなくて、「どうやったらできるか」を考えるとワクワクするし、そういったＨｏｗを考えたほうが、純粋に楽しいじゃないですか。そういう思考パターンを支えてくれるのが未来予測系の本だと思います。

さらに、とんでもない未来について読むと、自分の突飛な発想でもかなり現実的に感じられるのも面白いところです。そこに余裕が生まれるんです。僕がネット配信を始めた頃、テレビで活躍している人でネットの世界に入っている人はごく一握り、テレビで干されてしまったタレントさんぐらいのものでした（笑）。

YouTubeの配信を始めたらテレビからは出演を断られる、という状況でした。でも僕はその時、何年後かには動画はテレビではなくスマホで見るものになるという仮説を立てて、それでネット配信に踏み切ったわけです。テレビからスマホへの移行なんて、『２０３０年…』に描き出されている予測に比べたら、十分に現実的で考えやすいことですよね。そうやって、ぶっ飛んだ未来に触れると、自分の描いている未来は十分実現可能な気がしてきて、個人的なイノベーションのハードルが下がるように思います。

◉ミドル・シニア層に伝えたいこと

徳岡：「そこまで考えている人がいるんだったら、自分が考えているこれぐらいはできるだろう」という気持ちになるということですね。ＳＦからはそういう勇気をもらえて、発想や想像力を飛ばしてくれる力がありますね。

今までのＤａｉＧｏさんのお話をまとめると、「あらゆることに対して、『なぜだろう』『どうやったらできるだろう』と発想することを癖にしていくと、π型の足が増え世の中の本質を見る力が育っていく」ということですね。また、「教養」というと、歴史や哲学の勉強だと思われがちですが、現実の世界の成り立ちを理解し深掘りするための考え方や発想のツールだと考えるとかなり実践的で身近なものになりますね。

話は変わりますが、私は主にミドル・シニア層を対象に人生１００年時代のリスキリングの必要性を説いています。このイノベーターシップの本も、そういった世代やこれからミドル・シニアになっていく人たちに、未来の担い手として活躍してほしいという思いから作っています。ＤａｉＧｏさんから、ミドル・シニアに何か伝えたいことはありますか？

ＤａｉＧｏ：伝えたいこと云々の前に、今のこの時代には何かを伝えるツールとしてのプラットフォームに世代間の断絶があることを理解する必要があると思います。これほど世代間で情報が行きわたらない時代はないと思います。昔だったらプラットフォームは同じですよね。何千年にもわたって知識は本という形に綴じられて受け継がれており、本を開いて読めば知識に触れられました。でも今は世代によってプラットフォームがまったく異なっています。

例えば、僕は今37歳ですが、僕の世代がFacebookを使っているギリギリ若い年齢で、これより下の世代はFacebookのアカウントすら持っていません。InstagramやTikTokが主流です。逆に徳岡さんはおそらくTikTokで毎日何か発信したりしていないですよね。

検索のやり方だって同じです。今の大学生は、例えばお店を検索するのにGoogleを使いません。Instagramを使うんです。もう少ししたら、検索はＡＩの仕事に代わっていくでしょう。映画を見る手段がＶＨＳからＤＶＤになって、ブルーレイになって、今はネットフリックスになっているのと同じです。今ＶＨＳやＤＶＤで映画を受け取っても、視聴する手段すらありませんよね。つまり、何か言いたいことや伝えたいことがあるのであれば、相手に合わせたプラットフォームを使わなければいけない時代なんです。

僕がＤラボを立ち上げた理由もこのあたりにあります。以前僕はそもそも本を読まない人のことが理解できませんでした。本を開きさえすれば、面白いこと、新しい世界がすぐ目の前に広がっているのに、なぜ皆本を読まないんだろう、と思っていました。それで気づいたのです。面白いことに触れたくないわけではなくて、使っているプラットフォームが違うんだ、と。活字ではなく動画なのです。そこで、僕が本を読んで、それを動画で解説する、というスタイルでDラボを始めました。

徳岡：お互いに言いたいことを共有する手段がズレているのに、そこが理解されずにお互いに「わかってくれない」という世代間の問題に発展してしまっているのですね。そこを埋めていくために、若い人とミドルやシニアをつなぐ何か媒介になるものがあるといいですね。

DaiGo：新しいプラットフォームが出てきたら、ミドルやシニアの人はどんどんそれに乗り換えていく必要があるかもしれません。新しいことへの挑戦は必ずしも本人にとって心地いいことではないでしょう。リスキリングやアンラーニングも同じで、必ず痛みを伴うものです。とくに、自分が今まで勉強してきたことや積み上げてきたことを否定されていると感じる人にはリスキリングやアンラーニングは受け入れがたいものですが、自分が身につけている知識ややり方よりももっといいことがある、ということを認めないといけないんです。

とくにキャリアのある人や専門的な資格のある人は、今まで構築してきたものが大変であればあるほど、今自分が持っている知識ややり方に縛られてしまいます。専門分野や研究も特定の分野に偏ってしまいますし、そもそも自分の学説や成功体験を覆すような発想をしなくなります。

僕も自分が否定されたと感じて、イラっとくることはよくあります。だからこそかえって、そういったイラっとくるような分野を逆にアンラーニングしようとしています。つい最近の例を挙げると、自分自身にアンラーニングが必要だと思ったのはTikTokについてです。

そもそもYouTubeやDラボの配信は、いろいろな本や論文を取り上げて解説するため尺の長い動画です。そうすると、TikTokの1分の動画とか、ただ投げ銭を稼ぐためだけに盛ったお化粧をした人たちとか、まったく理解できませんでした。投げ銭だけで数億円稼ぐ人がいて、それは僕にとってはわけのわからない世界で非常に抵抗感があるんです。自分は勉強して、論文を読んで、それをわかりやすく説明することに腐心しているのに、見た目とかインパクトだけで人気を集めている人がいる。

でも、今の流れはTikTokですよね。影響力という意味ではもうYouTubeを上回っている可能性もあります。だから、やはりTikTokについて学ぶべきだと考え、TikTokで人気のある人に会って話を聞いたりしています。それが、とても勉強になるんです。今まで自分が積み上げてきたものを否定するのではなくて、自分にはどういう盲点があったのか、ということがよくわかるんです。盲点を指摘されると誰でもプライドが傷つくものですが、それに抵抗せずに、やっぱり学んでいくべきだと思います。これが、僕自身が最近経験した一番大きなアンラーニングです。

◉新しいことへの挑戦は究極のアンチエイジング

徳岡：自分の盲点を突き詰めて、抵抗感のあるところに一歩踏み込んでいくというのは、なかなかできないことですね。誰しもどうしても自分の安心とか安定を求めがちですから、嫌なことは言われたくないものです。ＤａｉＧｏさんにはそこに一歩踏み出せる勇気があるわけですが、普通の人がそうやっていくためにはどういう発想が必要になると思いますか。

ＤａｉＧｏ：「自分が今渡っている橋にはすでにヒビが入っている」と考えるといいと思います。アンラーニングやリスキリングで傷つくことを恐れている人は多いと思います。自分のプライドが傷つく、ビジネスが揺らぐ、足元の安定が壊れる……というふうに。ところが、実は今の自分の橋はすでに傷ついているんです。その傷を修復するためには学ぶしかない、新しい橋をかけるしかない、と。

徳岡：自分の現状を起点に考えるのか、自分の未来を起点に考えるのかの違いですね。

ＤａｉＧｏ：別のやり方で発想を転換することもできます。新しいことへの挑戦とか新たな学びって、究極のアンチエイジングだと思います。皆さんダイエットやエクササイズや化粧品に多大な時間と努力を費やしていますよね。そうやって身体は若くなろうとしているのに、考え方は若くなろうとしなくていいんですか、と問いたいです。歳を取ってから新しいことに挑戦する人の10年後の死亡率は、何もしない人よりも有意に低いという調査もあります。

「スマホを持っていないお年寄りにも配慮して紙の行政手続きを継続しましょう」という議論がありますが、これは市民から新しいことを学ぶ機会を奪い、さらには死亡率を下げるチャンスをみすみす逃していることになります。過激な発想かもしれませんが、むしろ補助金や健康保険を使って、高齢者に必死になってスマホを学んでもらうようにしたほうがいいぐらいです。死亡率も下がるだろうし、認知症の人も減るだろうし、行政コストは下がって効率性はアップします。

僕自身は、若くあり続けるために「常に何かの初心者であり続けよう」と決めています。今「初心者」になっているのは、蕎麦打ち。それからバスク地方とかイタリアにある調理法で、暖炉などの熾火や煙を使って料理する薪火料理。それも少しかじる程度ではなくて、蕎麦打ちだったら職人と同じレベルになるまでやる意気込みですし、もしかしたら自分で蕎麦の実の栽培まで始めそうな勢いです。薪火料理も料理人向けの専門書を読み込んで研究しています。

人間ってどのような経験でも最初が一番楽しいものです。限界効用の法則です。そうやって初心者のワクワクを持ち続ける努力って、ビジネスとか世界を変えていくイノベーションには絶対必要なものです。思いもよらない発想というのは、思いもよらない経験を通して得られるものです。

徳岡：そうやって新しいことに挑戦し続けることで、パイ（π）型ベースの足がどんどん増えていくわけです。この本の読者向けに、そういう自己投資にはどれぐらい時間を使うべきかアドバイスはありますか。

DaiGo：普通だったら「1日30分本を読みましょう」ということかもしれませんが、僕が思うのは、初心者だったらまとまった時間を意識的に作るべきです。パイ（π）型ベースを作っていきたいのであれば、時間の分断が一番良くないと思います。初心者のうちは何でも時間がかかります。今までのやり方でやったほうが早いものです。スマホを使いたがらない人がいるのも、めんどくさい、時間がかかる、という理由からですよね。でもそれを乗り越えないとダメなんです。しかも、現代人は忙しすぎて、じっくり何かに取り組んで、心ゆくまで初心者的なことを楽しむ余裕がありません。とにかく早く、効率的に、コスパとタイパを重視して何でもやろうとします。

だからこそあえて、1日全部を使って1つのことだけに集中して向き合うことが大切だと思います。また、そのために時間を作ろうと努力するようになります。僕の場合も、非常に取りに行きにくい場所、例えば冷蔵庫の上とかでスマホを充電して、あえてスマホから離れる、スマホを取りにいくのがめんどくさくなるような環境を作ったりしています。

徳岡：これからイノベーターシップを身につけていく人たちに、アドバイスをいただけますか。

DaiGo：協調性がまったくない僕が言うとかなり矛盾したことになるんですが、一緒にバカなことを楽しめる人を作るといいと思います。イノベーションは1人では起こせませんし、合理的なことから生まれてきません。バカで無駄に見えることから発見が生まれると思うんです。蕎麦打ちではないですけど、寄り道とか無駄とか、一見ストレートに目標にそぐわないことをあえてやることです。これからの世界、無駄が許容されないようなことは全部ＡＩがやってくれるようになります。だからこそ、人間はＡＩが教えてくれない「無駄」を担当するべきです。

世界を変えていくイノベーションには、純粋に楽しい、面白いと思うことが必要です。そして、無駄に見えることでも馬鹿にせず、否定せず、一緒にやってくれる人が周りにいることが大切だと思います。今までの大きなイノベーションも最初は周囲からバカにされたアイデアから生まれていますから。

＊＊＊＊＊

これまでの研究で、パイ（π）型ベースは未来構想力のベースになることがわかってきています。三角形をイメージしていただければわかりやすいと思います。三角形の底辺がパイ（π）型ベースで、頂点が未来構想力であるとすれば、底辺がしっかりと広いほうが背が高く大きくて安定した三角形が描けます。ＤａｉＧｏさんのように異なる知と知をつなぎながら2本にとどまらず複数の深掘りした知と、「なぜ世の中はこうなんだろう」「変わらないのだろう」という現実への疑問を自分なりに読み解く教養を身につけることで、「自分はどんな未来を創りたいのか」「未来へ向けて現実はどうしたら変えられるのか」というプロアクティブな未来構想力が得られる。それをＤａｉＧｏさんは実践しているのがよくわかりました。

目の前の現実を「理解してしまう」ことでもなく、立ちすくむことでもなく、一歩踏み出して、「自分が住みやすい世界、自分が住みたい世界を作っていく」。そのために自己投資をするのは、傍観者ではない責任世代にある大人としてごく自然な流れではないでしょうか。とくにこのままでは人口減少の大波に飲み込まれることが確実な日本においては。まずはDラボ(daigovideolab.jp)を視聴して、パイ（π）型ベースづくりの楽しみに触れてみてください。

第5章

場づくり力
——人々をつなぐ共創のハブとなる

CHAPTER 5

1　場づくり力とは何か

2　場づくり力を習得するトレーニング

3　イノベーターシップストーリー No.5
「場づくり」の力で AI 活用の
ソリューションを提供する

1 場づくり力とは何か

イノベーションを生み出し実現していくためにカギとなるのは、共創できる人間関係や人脈を構築する力です。これを「場づくり力」と呼びます。イノベーションは1人で起こせるものではありません。世の中を良くしていこうという壮大なイノベーションであれば、なおさら仲間たちとの協力や知の共有が必要になります。イノベーションのフェーズでも、発見、量産、コストダウンなど、違った能力が必要になり、それをすべて一人では賄いきれないのは当然です。しかも大きなイノベーションは世代を超えて引き継がれないと成し遂げられません。

自動車の誕生には、ダイムラーとベンツによる原型の作成、ダンロップのゴムタイヤの発明、食肉工場からヒントを得たフォードによる量産ラインの誕生、そしてメルセデス・イェリネックが馬車の代わりに颯爽と乗りこなして周りを驚かせた勇気がカギだったといわれます。

このようにイノベーションには偶発性を伴う多様なアクターによる努力の集積がモノをいう面が強いものです。それゆえイノベーターは、そうした多様な知や活動を結びつけるために広いネットワークを持ち、自分の思いを共有できる信頼で結ばれた仲間を持っている必要があるのです。場づくり力とはしたがって、チーミングのための人間力とコミュニケーション力であるといえます。自分のビジョンを伝え、そのビジョンに乗ってもらうことです。この人についていきたいと思ってもらえる人間力であり、ついていきたいと思ってもらえるように自分の思いを伝える力です。

また、自分の周りの仲間だけではなく、会社や業界を超えたエコシステムを構築していく力も問われます。プロフェッショナルになるといいますが、その範囲が自社の専門能力だけのタコつぼではなく、幅広い分野、異業種、異世界、海外ともつながっていかないと大きなイノベーションは起こせません。大企業とスタートアップ、政府と民間、ＮＰＯやＮＧＯなど、さまざまな種類や性格の異なる団体があります。それぞれに守備範囲や得意分野、価値観、スタイルが異なります。そういった異なるグループをどうやってうまくつなげて、ビジョンに向かって動いていけるエコシステムを作るのか、イノベーターシップが問われるのです。

１人や１つの集団だけでは達成できないものに対して力を補い合い、異なる分野の知恵を集めて共創する力を身につけてください。さまざまな世界や分野を渡り歩き、そこで構築した人脈を維持して、社会を変えていくためにさまざまな方向から働きかけることで磨かれるでしょう。異なるフィールドの人をうまくつなげられるようになると、より大きな場を作り上げることができるはずです。

場づくり力を養うために必要なポイントは３つあります。１つ目は、表面的な関係ではなく、真に信頼できる関係を構築すること。２つ目は、立場ではなく、人としての思いに軸足を置くこと。３つ目は立場を守るのではなく領空侵犯を歓迎すること。この３つのポイントを１つずつ見ていきましょう。

◉表面的ではなく、真に信頼できる関係を構築する

米国の社会学者マーク・グラノヴェッターは「弱い紐帯の強み」という概念の効果を提唱しています。自分の家族や親友、職場の仲間といった緊密な社会的つながり（強い紐帯）は、ともすれば似たような志向性や価値観を持った人の集まりになってしまいます。一方で、社会的つながりの弱い人、家族や親友よりも若干距離のある人（弱い紐帯）は前提条件を共有していないため、新しい価値観や意見を提供してくれる、というのが彼の理論です。

もちろん、イノベーションには「思い」や「理念」の共有が不可欠ですから、弱すぎる人間関係ではうまくいかないでしょう。しかし、家族や親友ではない知り合いで、お互いに望みや思い、未来の夢を語り合えるような関係性の中から、未来への共通した課題意識が生まれてくると考えています。異なるバックグラウンドや専門性の人でも、腹を割ってしっかりとした対話のできる人間関係やつながりを築くことで、共創につながる人脈が生まれます。

一橋大学の野中郁次郎名誉教授の言葉を借りれば、遠慮ない「知的コンバット」ができる人脈を形成する能力こそが場づくり力です。未来や現実について一歩踏み込んだ議論ができる、共にありたい姿を共創する真摯な姿勢を共有する、といった間柄です。少し「青臭い」議論のできる関係性といえるかもしれません。

こうした異質な仲間たちとの場は、ナイーブなまったくの同質集団ではない、ダイバーシティを包含したレジリエンスの高い同質集団を形成する核といえます。イノベーティブな発想

を育むが、同時に戦闘力も高い組織になります。組織の上位目的へのコミット、組織の掲げる良い目的へ自らも貢献したいという良い意味での同調が生み出されます。批判や反論も上位目的のために行われ知的コンバットとして展開されます。何の議論も起きないのは、その組織に何の思いも持っていない傍観者の集合体だという状態であり、信頼で結ばれた場の逆となるわけです。

もともと日本には集団主義の文化があり、個人間の信頼の上に成り立つ個人主義とは異質な、いわば本音を言わずに牽制しあって均衡を保つ表面的・仮面的な社会構造があります。社会心理学者の山岸俊男氏はこれを「安心社会」と称し、個人主義ベースの「信頼社会」と対比して描いています。安心社会で安住している精神構造は日和見で体制任せになり、場の形成のためには百害あって一利なし。こうした傍観者的なスタンスをイノベーターシップ人材は排除し、プロアクティブな組織成員からなる集団を作っていく、そのコアとなるのが場づくりなのです。

近年の組織の中では、こういった人脈を築いていくのは難しくなっています。1年単位でしか物事を考えられない短期主義や、リスク回避の姿勢、専門性や教養を備えていないパイ(π)型ベースの知性の欠如といったことが原因で、組織内にはそもそもまっとうな対話や議論が生まれていません。部署利益にこだわる立場思考や階層組織の上下意識もあって、フラットな議論の土壌がないともいえます。一歩、組織の外に出ると、評論家まがいの意見やソーシャルネットワークで話題になっている言葉や論理に乗っかっているだけの議論も珍しくありません。こういった風潮に対して批判的な目を向けたいと思います。

このような状況で、私は社会人大学院の役割の大切さを痛感しています。私が教授を務めている多摩大学大学院に集まる方々を見ていると、組織や社会への高い視線を持ち、会社での立場や自分の出身にかかわらず、世の中の「あるべき論」をフラットに議論していることがよくわかります。何が社会課題なのか、なぜそのような問題が起きているのか、どのように解決できるのか、自分には何ができるのか、掘り下げた「青臭い」議論が許される場です。

大学院生は30代後半から50代を中心とした社会人・ビジネスパーソンですが、会社や組織の中ではそのような会話がないのが残念でならないと異口同音に入学した意義を語ってくれます。今の時代、このようにピュアに「場づくり」に集中できる機会というのは非常に貴重であると感じます。さらに、このような場でしっかりと自分の意見を持ち、異なる見解にも耳を傾けられる人材が組織に戻っていくことで、信頼や共創を通して組織に新たな火を灯してくれることを期待しています。

●立場ではなく、人としての思いに軸足を置く

組織の中には、ともすると自部署の利益代表になってしまったり、余計な責任は取れないということで、立場での物言いに終始してしまったりする人がいます。政治的に打算で動く人も、何も考えていない人も、自己利益に相手を引き込もうとする人もいるでしょう。組織の中で従順にふるまい、組織の目線の範囲でしか社会を見られない人、自分自身で考えない人に

なっていないでしょうか。自分の「思い」や「理念」よりも、組織の利益追求や組織内の秩序を優先させてしまうわけですが、そうなると自分自身は空っぽのままです。

ユダヤ人の政治哲学者ハンナ・アレントは「悪の凡庸さ」に対して警鐘を鳴らしています。言われたことを言われたとおりにやっている人は、たとえそれが悪事に加担することであっても、自分が悪いことをしている意識を持てなくなります。結果的に、こういった「空っぽ」の行動が不祥事につながるのです。そうならないためには、自分の心に手を当てて曇りない正しさを自分に問い、自分の思いを見つめることが重要です。そのためには「正当化された真なる信念」を磨く知性が必要です。

そういう意味で、パイ（π）型ベースで培った教養、歴史的知恵、日々のニュースから得られる世間の目や最新の法令などを通して、自分が今やっていることが正しいのか、本当に自分がやるべきことなのかを振り返ってください。さらに、そういった正しい信念を持つ人たちを仲間として、信頼の場を作ってください。人として自分の思いを高めていく努力をしている人のつながりこそが大切です。

人の思いに軸足を置くと、同じ思いを持つ人々の間の社会的アイデンティティの強さが効いてきます。さまざまな思いを結集・レバレッジした大胆なアクションにもつながります。

例えば、アマゾンは自社の大型物流拠点に災害救援を目的とした「ディザスター・リリーフ・ハブ」を設けています。同社の物流・配送ネットワークを活かして、災害発生時に支援物資を迅速に被災地に送り届けるのが狙いです。

また別の例として、地域医療機能推進機構（JCHO）は全国57の傘下の病院に対して能登半島地震の際に災害派遣医療チーム（DMAT）の出動や看護師の応援派遣を要請しました。それぞれの病院で災害支援要員として登録していた医師や自発的に名乗りを上げた看護師などが要請に応えて、迅速な初期救助に大きな役割を果たしました。

「災害が起きて大変だ」と悩むだけではアクションは取れません。力になりたいという共助の「思い」を結集させると立場を超えた大きな場の力になります。これもルーティンを超えて瞬時に場をつくるリーダーシップの形だといえるでしょう。場づくりがうまい組織やリーダーはこうした真善美に結び付けた上位目標を共有し、組織の中に強い社会的アイデンティティを形成するのです。

こういった強い社会的アイデンティティを持った風土を醸成していくために、職場で思いを共有していく仕組みが、「思いのマネジメント」（MBB：Management By Belief）です。成果主義の代名詞である目標管理（MBO：Management By Objectives）へのアンチテーゼであり、大きな目的に対しての考え方を共有していくマネジメントスタイルです。「思いのマネジメント」では、達成すべき**目標ではなく目的が初めに来ます。**何のために仕事をしているのか、どのような思いを実現したいのか、といった目的意識をしっかり持たせることを主眼に置きます。目標は目的達成の指標にしかすぎません。私たちは目の前にある外発的動機ではなく、潜在的に眠っている純粋な動機である内発的動機を意識しなくてはならないのです。

MBBは富士通をはじめ、すでに多くの企業に取り入れられつつあります。代表例はスターバックスであり、社員もアルバイトの方も全員で、同社のミッション・プロミス・バリューを入社の段階から社員（同社では全員をパートナーと呼んでいます）同士で、自分事として理解するオンボーディングの研修、社員同士のセッションやイベント、日常のマネジメント、フィードバックを行っています。「心をかよわせる瞬間を創造する」ミッションのために自分が何をすべきなのかをどの瞬間にも考えて行動する社員になる。こうして自走自律で信頼できる組織、場としての組織は誕生するのです。

こういったマネジメントスタイルが組織の風土としてあってこそ、場づくり力を持った人材が育ちます。また、このようにして作り上げられてきた場があるからこそ、入社したいという仲間は外発的動機や責任・権限の大きさではなく、入社時から立場を超えてパーパスで考える力を与えられ、心でつながるのです。

●立場を守るのではなく、領空侵犯を歓迎する

知的コンバットを通して、思いを戦わせ、新しい価値を共創していくためには、お互いを立場で守っていてはうまくいきません。人間同士の社会には、互いに見て見ぬふりをしてお互いを牽制し合ったり、あえて踏み込まずに自分を守ったりする傾向があります。また、自分の価値観を押し付けようとする傾向も多々あります。それを許容してしまうと文化の停滞やタコつぼ化を招きイノベーションの芽は摘まれてしまいます。閉じた場が「粒々（つぶつぶ）」に形成されると組織力は発揮されませんし、不祥事の懸念も高まります。ですから、上位の目的や

ビジョンのためにお互いに遠慮なく領空侵犯を許す関係性が大事になります。

お互いに領空侵犯を認め合う関係性には、その環境の心理的安全性が担保されており、自分にも相手にも「コーチャビリティ」が備わっていることが不可欠です。心理的安全性とはすなわち、「無知だと思われない」「バカだと思われない」「邪魔していると思われない」「ネガティブな人だと思われない」という、「正しい意見であれば何を言っても大丈夫」という確信が持てることです。コーチャビリティとは、他人からの助言やフィードバックを感謝して素直に受け入れられる度量です。

私が日産にいた頃ＣＦＴ（Cross-Functional Team）というものが存在していました。関係部署が集まって本来の目的（会社全体の利益）のために各部署の利害（部分最適）を超えて議論する場です。例えば、会社のボトムラインのために車種削減という大きな宿願がありました。いくら売れなくても細々とモデルチェンジをし続ける万年赤字車種が、開発担当の存続のためや営業としての品揃え確保のために温存されていたのです。

全社利益・効率性向上やムダの排除という全体的な観点からは必要な施策であっても、設計開発や営業などの各部門にとっては好ましくない場合があります。それでも部署の立場や利害を超えて議論すれば、部門のエゴは押し通せません。部門のエゴを超えた全体最適を図るために皆が一歩引いて俯瞰して安全に「領空侵犯」できる仕組みとしてＣＦＴが機能していました。組織のイノベーションには、立場を超えて目線を上げる、このような議論の場づくりが大切なのです。

そういう意味で私は「目的の共有」の大切さを強調しています。大きな目的・ビジョンのために小異に執着しない仕掛けです。しかし、東京大学の國分功一郎教授は反対に「目的のためにすべてを従わせることが全体主義につながる」と論じています。確かに、絶対的な目的の強制は怖いものです。究極の目的が権力者によって強制され、人々が洗脳されると独裁につながります。ヒトラーと言わずとも企業にもありますね。目的が人々の外発的動機として機能してしまい同調圧力も加わって、人々の心の内にある内発的動機を凌駕し、心の声、純粋な個人としての行為が封印されてしまいかねないのです。

こうして目的の裏付けとして「何のため（Why）」という議論がなくなると、目的が所与となり、手段を択ばず数字や結果という目の前の目標だけを追いかけるという「目標の暴走」が起きるわけです。前章で紹介したデレズウィッツの優秀な羊（Excellent sheep）のメタファーが当てはまります。だからこそ普段から領空侵犯をしてでも、逆説的ですが、目的について敏感になっている必要があるのです。追求している目的が良い目的なのかどうか、どこまでが限度なのか、暴走・強欲・人間性無視ではないのか……などの議論をしていくことが重要になります。

目的が全体主義につながる危険性の背後には、コンプライアンスを過度に重視する日本の風潮があるともいえます。欧米では実はコンプライアンスの背後には「従うか、さもなければ説明せよ（Comply or Explain）」という考え方が浸透しています。なぜ従うべきなのか考え、正しい目的でない場合には従わず、そしてなぜ従わなかったのかを説明する姿勢です。しかし日本のコンプライアンス重視の風潮は、「やれと言われたことにはただ従う」ものです。Comply and no explainといえるかもしれません。なぜ従うのか誰も考えない、そもそもなぜ守るのかもよくわかっていない、という本末転倒な状況が生まれている場合もよくあります。

このように考えると、目的重視が全体主義につながりやすい風土は確かにあるともいえるのです。そうならないためには、目的の背後にある「なぜ（Why）」を常に確認するチェック&バランスのための場づくりが必要だということです。

その意味でも、個人の成果ばかりを強調し、目標だけに集中している成果主義は悪さをしています。目標を達成できなかった人は、その理由を説明せずに守りに入ってしまいます。逆に目標を達成できた人は、自己利益のために勝てば官軍よろしく、手段を選ばず他者を踏み台にさえするでしょう。全体主義に陥らないためにも、成果主義に振り回されないためにも、目的に対して目線を上げて、背後にある共通善を確認し、未来のために知的コンバットをしていく「場づくり力」を大切にしてください。

場づくり力とは信頼の場を主催する力、その場に参加する力、その場に招かれる関係づくりができる力です。場というプラットフォームを作る力量であり、皆が寄ってきたくなるような「評判」を築く力とも言い換えられます。人が集まってくる磁力であり、究極的には人間味があるかどうかが問われます。

このデジタル時代、ダイバーシティの時代だからこそ、ＡＩにはない、また人の違いを「分断」にさせない「人間味を伴った場」の形成がますます重要になります。場づくり力はホスピ

図表5-1　ポジティブエナジャイザーになる

	ポジティブな状態	ポジティブでない状態
情動の健康	豊かな感情 やさしさ 安定性 前向き 素直さ、裏表がない	アップダウンが激しい 暗い きつい 後ろ向き 信頼感がない
思考の健康	論理的、客観的、データ活用 理性的、合理的判断 他者の意見を聞く 共創の気持ち 論理と感情のバランス	感情的、適当 迷信、神話、しがらみ 人の話を聞かない 独善、固陋、頑迷 論理過多、分析過多
精神性の健康	人生の目的、意味 共通善、パーパス、利他 気高さ、志 人間理解、人間力	即物的 眼前の利 利己的 人の気持ちがわからない

タリティ（Hospitality）、共感（Empathy）、人への思いやり（Compassion）、リスペクト（Respect）、寛容（Tolerance）、礼節（Civility）など教養を備えた人が持つ力の総体としての人間味がカギです。人間味が大きなチャレンジに一緒に立ち向かう磁場を形成します。またポジティブな感情や思考、精神性も重要です。ポジティブエナジャイザーの要素（図表5-1）を発揮すれば、周りを明るくし暗黙知を共有し合い、イノベーションにつながります。

こういった力は生き方そのものといえ、単なるスキルをはるかに超えています。まさに生活態度を改めることであり私は単なる「リスキリング」に対して「ヒューマンリスキリング」と呼んでいます。これらは前章のパイ（π）型ベースをしっかり実践することでぜひ身につけてください。その上で、どのようなインターフェースで磁力を発揮するか。その学び方を考えていきましょう。

2 場づくり力を習得するトレーニング

●場づくり力を習得する基本トレーニング

場づくり力を習得するために、基本のトレーニングを紹介します。コミュニケーション力がその中心となります。詳しくは、前著の『未来を構想し、現実を変えていく　イノベーターシップ』をご参照ください。

①発信力を高める

共感してくれる仲間を場に引き入れるために重要な発信力を高めるための手法として、セルフコーチング、思いのピラミッド、ストーリーテリングの3つの手法があります。

セルフコーチングとは、第2章のロールモデルから学ぶ手法としても紹介しましたが、発信力向上のためにも使えます。日々、「今日やったことは来年にどのように役立つのか？」「自分が『いいな』『やりたいな』と思っていることにどのように活かすことができるのか？」などと自問自答するのです。日常に起きた出来事や、見聞きしたニュースを自分なりに解読し、自分の言葉で自分の考えをまとめます。自分を見つめてはじめて、「自分の未来への思い」を導き出すことができ、それが場づくりのコアとなっていきます。

思いを表現する「思いのピラミッド」を作成するのも磁力を高めるためのよい演習になります。ビジョン、背景、ストーリー、壁、ポリシーの5つの要素を使って、自分の思いを表出化するフレームワークです。第3章でフレームワークを示していますので図に言葉を書き込みながら、自分の考えを整理してください。具体例は前著を参考にしてみてください。

自分の思いに共感を持ってもらい、人を動かしていくには、ストーリーテリングも不可欠です。理詰めで説得するのではなく、体験談をベースに自分の夢や悩みを語り、皆を巻き込んでいく語り口こそが、相手の心を揺さぶり、共感を呼びます。

効果的なストーリーは具体的かつパーソナルであり、誰かに共有したくなるものです。自分の実体験を盛り込んだストーリーテリングに挑戦してみてください。自分の生き方のストーリーを語ることで、自分の価値観を発見できますし、職位や仕事ではなく、一人の人として共感を呼ぶことができるでしょう。

②質問力を身につける

質問力は相手に「絡む力」です。相手の答えに対して次々と反応し、会話が弾むことで場が形成されていきます。質問は相手の気づきを促すことにもつながります。質問していくためには、相手に興味を持ち、相手の気持ちに寄り添っていくことがおのずと求められます。相手に絡むことで、自分が相手に関心を持っていることを伝えられます。

③対話力を高める

質問力が一対一で絡む力だとすると、対話力は場全体を盛り上げるファシリテーターのスキルです。本音のディスカッションを促し、場を形成しながら参加者に思いを共有してもらい、イノベーションや共創をスムーズに引き出します。参加者の思いや考えを引き出し、自分の質問も交えながら、その場の議論を掘り下げていきます。議論が迷走しないようにポイントを押さえつつ、つかず離れずの役割を担い、核心となるポイントは突っ込んで掘り下げます。参加者全員が関与できるように気を配りつつ、自分の経験も語り、自分も一緒に考えます。皆の視点を広げるために、スーパージェネラリストの垂直統合の思考法（第1章参照）を活用することも効果的です。

●場づくり力を進化させる上級トレーニング

場づくり力のコアはコミュニケーションであるとして、ここでは、①共感力：支援型リーダーシップを身につける、②共感力：1 on 1で試す、③「自分のコンテンツ」をつくり上げる、の3点について、解説します。

①共感力：支援型リーダーシップを身につける

ロバート・グリーンリーフが提唱したコンセプトとして「サーバントリーダーシップ」があります。「奉仕して導く人」と訳出されていますが、日本の状況に照らして「支援型リーダーシップ」と言い換えたいと思います。引っ張っていくタイプのリーダーではなく、背中を押していくタイプのリーダーで、共感力を生みやすい、場づくりに長けた人だといえるでしょう。サーバントリーダーは周囲と積極的に関わり、他人の意見に耳を傾けます。組織の方向性を示しつつも、相手を成長させるように支え、それぞれの可能性を引き出します。信頼関係を重視しながら目標やその先のビジョンを達成していく手法です。

支援型リーダーはいくつかの資質を備えています。

1. 対話を成立させる「**傾聴**」：じっくり耳を傾け、真剣に聴くゆとりを持つことで、相手の思いを引き出します。自己主張よりまず相手から聞く余裕を持っています。
2. 気持ちを理解する「**共感**」：いろいろな人との数多くの出会いの経験で、目線を相手に合わせる術を身につけています。
3. ストレスを与えない「**癒やし**」：自己のプレッシャーを管理する術をすでに心得ており、相手に圧迫感を与えない知恵を身につけています。
4. ヒントを与える「**気づき**」：自分が正しい答えを与える、自分が答えを出す、という自己中心的な立場を卒業し、相手を成長させるための考え方やヒントを出すことができる深い思考ができます。
5. 理解を早める「**エピソード・ストーリー**」：理論で攻めるのではなく、気持ちを込め、感情に訴求することの効果を知っていて、人生のストーリーの例に事欠かない人です。

6．わかりやすく説明する「**キーワード**」：理屈を長々と説明しなくても、ズバリ物事の本質を表すキーワードを見つけられる多様なボキャブラリーを身につけています。

7．見通しを示す「**先の読み**」：豊富な人生経験や教養を持っていれば、そこから知見を引き出し知恵を語ることができます。

8．信頼関係を構築する「**頼りがい**」：何よりもこれまでの実績がものをいいます。失敗経験も含めて、人生の先輩としての頼もしさがあります。また経験知から痒いところに手が届くサポートを惜しみません。

9．相手を伸ばそうとする「**成長支援**」：組織のメンバーは管理職や役員といえどもみな、長い目で見ればリリーフです。自分の経験を継いで、会社を発展させてもらいたいという若手への思いを持っています。

10．真の協力関係を構築する「**コミュニティづくり**」：長い経験の中で、1人でできることには限界があることを身をもって知っています。人をつなげ仲のいい職場やコミュニティを作るコーディネーター役を務めます。

読者のあなたはこれらのどこが強く、どこはまだ途上でしょうか？　ぜひ自身を振り返ってどう改善できるかを考えてみてください。対策のヒントとともに図表5-2にまとめてみましたので、ご覧ください。

図表 5-2　支援型リーダーシップ度の確認とヒント

項目	自分は○、×、△？	どうすれば改善できそうか？
対話を成立させる 「傾聴」		・まずは妻の話を聞くことから ・「でも、しかし」と言わない
気持ちを理解する 「共感」		・共感が欲しい夫婦間の会話 ・聞いているだけではなく、「わかる」というメッセージを送っているか？
ストレスを与えない 「癒やし」		・焦らないことが肝要、いつもどっしり構えて顔にイライラを表さない
ヒントを与える 「気づき」		・時間がないと答えを言ってしまったり、誘導したりしない ・いつ何を言うべきか、絶妙のタイミングを見計らう ・必ずフィードバックする。全部話さない
理解を早める 「エピソード・ストーリー」		・エピソードの引き出しを普段からためておく ・一仕事終わるごとに、振り返り、エピソード化する
わかりやすく説明する 「キーワード」		・名言やキャッチコピーをまねる練習。本を読む。「こういうこと？」とまとめてあげる。一言で言うと…、という練習。2分で話しきる練習を日々行う
見通しを示す 「先の読み」		・悲観と楽観の両極のシナリオを想定し、サジェストする ・相手の前提を確認する。経営者になったつもりで状況を俯瞰する
信頼関係を構築する 「頼りがい」		・困っていることを察知する感度を養う ・絶妙のタイミングで助け船 ・ハンカチは相手の涙のために使う優しさ
相手を伸ばそうとする 「成長支援」		・相手の立場に立ってヘルプする ・時には厳しいこと、いやなことも言う（恐れなき告白）
真の協力関係を構築する 「コミュニティづくり」		・孤立させない、それとなくバックアップする陰徳、仲間を引き込む ・いつもの声掛け、顔合わせ、接触のルーティン化、飲み会の再開

②共感力：1 on 1で距離を縮める

1 on 1とは、マネージャーが部下の成長を促し、モチベーションを向上させるために行う定期的な個人面談です。上司による指導や管理ではなく、上司が部下の業務の悩みや不安、思いや目標を汲み上げます。フィードバックやコーチングを通して部下自身が解決策や自分の才能に対する「気づき」を得られるように助けるものです。

1 on 1では、上司も自分の思いを語り、部下からも思いを引き出すことで、思いの共感を生み出します。上司と部下のベクトルを合わせて信頼関係を醸成していきます。さらに、上司と部下という関係を超えて、親密さを生むことにもつながります。ただし、1 on 1はこういった意義をきちんと踏まえなければ、単なる雑談やＭＢＯ面談の延長の業務進捗チェックミーティングに終わってしまうリスクもありますので注意しましょう。

1 on 1をうまく定着させるコツを挙げておきましょう。

- 月1回30分
- 仕事の進捗管理、業績確認中心にしない
- 部下の成長に気を配る。「最近の調子はどう？」「最近、力を入れていることは何かな？」
- 部下のリスキリングに関心を持ち、アドバイスをする
- 部下の発言を8割とする
- 雑談会で終わらない。「今週／来週はどんな感じでいけそう？」とアクションにつなげる

●最近の悩みを聞く（仕事、プライベート）
●最近の会社の動きを伝える
●メモを取ることを了解してもらう（これからのために）

個人情報を聞くのに躊躇する場合がありますが、その際は上司が自分の話をするのがよいと思います。その上で話を振ってみて乗ってくれればよしとし、深追いは避けましょう。

③「自分のコンテンツ」をつくり上げる

場づくり力は、「何を与えるか（Give）」によってインパクトが変わります。自分から与えるものがなければ、誰も寄ってきてくれません。与えるものがなければ、他の人から何かを受け取ることもできません。ウィンストン・チャーチルは、「人は得るものによって生計をなし、与えるものによって人生を築く」と指摘していますが、まさにそのとおりです。

イノベーションで目指すところを明確にするためには、自分の土台をしっかりと作り、ビジョンを口ばかりではなく、オーセンティックな真に自分らしいものにする必要があります。自分が目指しているものは何か、そのためにどのような資産やリソースを持っているのか、またそういった資産やリソースをどのように発展させていくのか明確になっていますか。どこまで進んでいますか。口先ばかり、思いつき、とりあえず……ではなく、自分らしいコンテンツを持ち、その上に立って未来を創造するのです。それが信頼につながります。

そのためにも自分の旗印を鮮明にしてください。借り物や表面的なものではなく、自分の人生を象徴するような、ずっしりと手ごたえのある旗を持っているかどうかが問われます。「この人はこういうことに打ち込んでいる人だ」というオーラが出てくればOKです。

独自コンテンツは、自分らしいもの、自分を表現するものです。ＤａｉＧｏさんのＤラボの取り組みには、まさにそのような凄みがあふれています（ぜひ視聴することをお勧めします）。いろいろな角度から攻めて、エッジの立ったものにしてください。自分にしかないコンテンツを作り上げるのは、簡単な作業ではなく、むしろ、人生を賭けて成し遂げていくものです。

そもそも、イノベーションとは人生を賭けて挑戦していくものです。もちろん、閃きが新発明やイノベーションにつながることもありますが、イノベーターシップ人材である皆さんが目指すべきは、ただ新しいものを生み出すだけではなく、世の中を変え、社会課題を解決していく骨太の価値創造です。そういう意味で、自分はどのような世の中を構想しているのか、そのために何をすべきなのか、常に考え続け、オーセンティックなコンテンツを作り上げてください。

自分のコンテンツのためには、パイ（π）型ベースで学んだシャドーワークや越境体験、アウェイの体験などを通して、会社の中にいるだけでは身につかない「知の交差点」や実践知を得て、それを結晶化させていく努力が必要です。

繰り返しになりますが、社会人大学院での学びは、オーセンティックな思いを修士論文にまとめて、自分自身のチャレンジ目標を教授陣とともに設定する、そのためにまたとない場を提供していると考えます。

さて、オーセンティックな自分のコンテンツを作り上げるためには、いくつかの切り口やヒントを得る方法があります。

以下に例を示しますので、自分にあてはまるもの、取り組みやすいものを選んで、徹底的に掘り下げていってください。どれも日常的なものですが、しっかり自分事とすることがなかなかできないのでもったいないのです。自分の独自の強みが明確になれば、自分のキャリアの開発にもなっていきます。

- 社会問題など深く関心を持てることを閃いたら、それを突き詰めてマイテーマ化する
- 経験、スキルなどのバックグラウンドから、悔しかったことや問題意識を掘り起こす
- 好みの情報ソースや論者を明確にして、その論調・視点などからヒントを得る
- 自分の師、先輩、ロールモデルからの教えや影響を自分で発展させる
- 自分の仕事のベースとなる専門、ケース、先行研究を自分なりに掘り下げる
- 自分の価値観や夢などから自分の人生を賭けるべきテーマを見出す
- 会社でのこれまでの様々な学びや経験を理論化、体系化する
- 自身のブログ、noteなどでの発信、寄稿、講演をする機会を得て自分の関心を絞り込む
- 仕事や趣味などの実践活動の底流にある自分のオリジナルなものをあぶり出す

繰り返しにはなりますが、こうした思索を深め、思考実験をするのには対話も大切であり、大学院で同僚と酒を飲みながら自分の思いを語り合うのは、会社では得難い貴重な場になるはずです。

こうした活動を通じて自分のコンテンツを作り上げる際、オリジナリティをさらに出していくために「知のポートフォリオ」について考えることが有意義です。第4章で説明したとおり、自分のコアとなる領域や理論を持ち、それを軸としてその周りに関連領域を展開していくと骨太なポートフォリオができます。ポートフォリオにしてみると、他にはない自分のオリジナリティが出ていることがわかるでしょう。1つの分野や1つの専門性に特化している人は大勢いますが、ポートフォリオ化すると自分だけのオリジナルになります。

専門分野が1つ増えるごとに、それは足し算ではなく掛け算でインパクトを増します。またそのポートフォリオの中心にコアとなる理論（私の場合は知識創造論）を持って知のポートフォリオを広げていくこともさらにオリジナリティに重みをつけるでしょう。一朝一夕に達成できるものではありませんが、であるからこそ、早く自分のキャリア開発の必要性に気づき、一歩一歩膨らませていくことが重要です。イノベーターシップ人材としては自分の人生を通じて追求していくチャレンジでしょう。

3

イノベーターシップストーリーNo.5

「場づくり」の力でAI活用のソリューションを提供する

Avintonジャパン
代表取締役CEO
中瀬幸子

中瀬幸子氏は日本に拠点を置くビジネスおよびITコンサルティング会社AvintonジャパンのCEOを務め、企業や自治体のDX（デジタルトランスフォーメーション）を支援しています。日本企業でありながら日本のオフィスの社員の約2割が外国人という同社は最先端のデジタル技術で、「常に高い志と使命感を持ち、従業員の幸福、事業と価値の創造に挑戦し続け社会に貢献します」というコーポレートミッションを掲げ、DXをリードし社会課題の解決に挑んでいます。

中瀬さんの会社ではいわゆる典型的な営業活動、すなわち営業リストの作成、テレアポやコールドコール、営業セミナーや商談機会の設定などは行っていません。新規受注の秘訣は、中瀬さんのダイナミックな「場づくり力」。場づくりで業績を伸ばしています。さらに個人としても多方面でさまざまな人とつながる場を創造し、多くの方をつなげるだけでなく、場に参加する個々人が持つ可能性を広げることにも気を配ることで、深い信頼の場に発展させています。こうした関係構築によってビジネスを生み出し、自社の持つデジタルの力で多くの企業のイノベーションを支援しています。そういう点でも私が注目している経営者の1人です。

経営者として、2児の母として超多忙な毎日を送りつつも、日々の出来事や自分の考えをこまやかにSNSで発信し、大学の講師など社外の活動にも積極的に取り組むなど、まさに「場」をつくりだす達人といえます。

＊＊＊＊＊

徳岡：場づくり力とは、イノベーションを生み出し、実現するためのカギになる、共創する人間関係や人脈を構築する力のことです。1人ではイノベーションは起こせないのは当然で、世の中をよくするような大きなイノベーションであれば、なおさらです。

そもそも場とは相互信頼に基づく共創空間です。お互いに腹を割って思いを語り、ありたい未来、変えるべき現実をしっかり議論できることがイノベーションには大切になります。知的コンバットが遠慮なくでき

▼プロフィール

中瀬幸子　（なかせ・さちこ）
Avinton ジャパン代表取締役 CEO

1986 年生まれ。富士ゼロックスに新卒入社。BPO や業務改革を進めるコンサル部隊で大手企業および学校担当のアカウントマネージャとして従事。2010 年 Avinton ジャパンをスタートし、代表を務める。世界 6 カ国の大手移動体通信事業者、メーカーに対してビッグデータや AI を活用したコンサルティング、組織変革サポート、システム開発を提供中。これまで累計世界 30 カ国から技術者を雇用。全国の学校で AI、リスキリング、キャリア講義を提供し日本の IT 人材不足解決のため活動中。

る空間であり、なれ合いやもたれ合いではなく、妥協や交渉でもありません。何が大事なことなのかを共有し、ありたい姿を共創する……。こうした場づくりでクライアントのイノベーションを支援し、業績を伸ばしているのがまさにＡｖｉｎｔｏｎジャパンですね。

まずはＣＥＯを務める会社について、そして経営者としてどのようなビジョンを持っているのかお話しいただけますか。

中瀬：Ａｖｉｎｔｏｎジャパンは、ＡＩや機械学習、ビッグデータ、データサイエンスの知識と経験を活かして、グローバルに技術支援を展開するＩＴコンサルティング会社です。データを活用し、ＡＩの力で新規事業展開やオープンイノベーションを加速していけるようクライアント企業をサポートしています。研究開発支援、教育支援・産学連携、エンジニアリングサービスの３つが事業の柱になっています。

業務内容を簡単にいうと、建設現場でＡＩによる自動運転を導入したり、人間の警備員をＡＩにしたりといった、単純作業をＡＩに置き換えるようなものがあります。また、最近ではみなとみらいの企業60社から観光データを集約して、誰もが観光データを分析できるようなデータダッシュボードを立ち上げました。宿泊業者や観光に携わる企業が勘と経験ではなく、データをもとにマーケティングができるような環境を整えました。

当社の設立は約15年前で、現在は業務委託なども合わせると１５０人規模です。創業者は外国人のエンジニアであり、現在在籍しているエンジニアの国籍は30カ国以上に上ります。多様性のあるコミュニティが形成され、その中でクライアントのためのイノベーションが起きている現場を日々目の当たりにしています。

文系出身の私がＩＴコンサルティング会社を経営しているわけですが、その中で唯一できること、私の大きな強みが「場づくり」だと思っています。私自身は子どものころから何らかのコミュニティに所属することに高い価値を感じてきました。祖父母が町工場を経営していたこともあり、工場で一生懸命働く人たちを見て育ち、自分もその事業の一員という自覚を幼い頃から持っていたように思います。

また家庭の中には、「自分だけが幸せになるのではなく、周りの人も一緒に幸せにしていきなさい」とか、「豊かになる目的、そのために勉強したり努力したりする目的とは、困っている人を助けることだ」といった仏教哲学的な考え方があったことも、今の私の基礎になっていると思います。

それゆえ社外でも役に立てる自分でいたいと、ソフトバンクアカデミアに参加したり、生成ＡＩ活用普及協会（ＧＵＧＡ）の議員を務めたり、女子中高生からＩＴ人材を育てていく活動に携わったり、大学や社会人講座の講師をしたりと、いろいろな場に所属しています。コミュニティのあり方や形はさまざまで、そこから生まれるエネルギーもまたそれぞれ違っていることが非常に面白いと感じます。

私は「世界中のチャンスを求める人たちにキャリアの機会を提供し、皆が生きがいを持って活躍し、各世代がさまざまな形で支えあえる社会を創出する」ということを個人の志として掲げています。これまでの日本のビジネスパーソンでは普通だった「会社という1つの場にしか所属していない生き方」だと、そこから外れた時に周りの扱いも変わりますし、自分のアイデンティティやプライドさえも崩れてしまいかねません。

その背後には、勝ち負けやお金を稼ぐことばかりを重視する一本軸の資本主義的な価値観があったと思います。そうではなく、仕事でも遊びでも、自分の価値観ややりがいを中心に自分の活動や領域をデザインし、そのために時間を大切に使うべきだと考えています。そういう意味で、私は社内に限らず、社外においてもだれもが活躍できるようなキャリアの機会を支援し、誰もが生きがいの持てる社会にしていきたいと考えています。

●営業戦略の核は「売る」よりも「関係を築く」こと

徳岡：Ａｖｉｎｔｏｎジャパンではストレートな営業というよりも、社内外での場づくりが業績拡大のドライバーだと理解しています。ビジネス開拓をどう進めるのか、顧客から信頼をどう得るのか、ビジネスモデルの中で、うまい「場づくり」の秘訣は何なのでしょうか。

中瀬：私は会社をコミュニティとして捉えて設計しています。私も社員も、毎日何時間も過ごす場ですから、硬直的な「組織」ではなくて有機的な「コミュニティ」にすべきだと考えています。生成ＡＩの発展で、理系人材ではなくてもプログラミングができてしまう時代だからこそ、場を作っていくことが大切で、みんなで成長し、みんなでイノベーションを生んでいくことに注力したいと思っています。

そういう意味で、当社ではもちろん技術力の育成は社内でやっていますが、技術だけを教えるのではなく、自分たちが希望するプロジェクトを社員にやってもらい、発想力やリーダーシップを養っています。また、「グロースプラン」というユニークな人材育成の取り組みを通して、このVUCAの時代で先が見通せない中で、自分の将来像や理想を明確にしてもらうためにキャリア設計をしてもらっています。新卒も含めてすべての社員に対して、無理にでもいいので中期や長期の目標ややりたいことを洗い出してもらって、それぞれの社員に担当者をつけてキャリア設計を支援して入社から卒業まで一貫してフォローしていく仕組みです。

未経験者をプロのエンジニアに育成していくことにも力を入れていて、社内教育を非常に充実させています。文系出身者がITのプロジェクトコーディネーターになったり、米国出身の新卒社員が日本でソフトウェアエンジニアになったりという事例が生まれています。皆が助け合い、チームとして成長することで心の絆も生まれ、コミュニティ意識が芽生えてきます。かっちりした組織よりも助け合うコミュニティのほうが新しいことに挑戦でき、顧客からの信頼を得られイノベーションには向いているのです。

また、ご指摘のように当社には新規営業の専任担当者がいません。お客様にソリューションを売るのではなく、場をつくって、その場に来ていただいて体験してもらい、信頼を得る。私たちの営業戦略の「核」には、「売る」ことよりも「関係を築く」ことがあります。その共感形成の場という価値を提供しているのです。

例えば先日は、「役に立たないけれど愛される」ことだけを目的にしたロボット「ＬＯＶＯＴ」を開発しているＧＲＯＯＶＥ Ｘの創業者林要さんをお招きしたイベントを企画しました。林さんには私が飛び込みでアプローチしたのですが、他社の経営者や大学の教授も含めて集まった人たちに大変喜ばれました。こういう出会いと交流の場から私も参加者も勇気や知恵を得て、そのコミュニティから何か化学反応が生まれると感じています。そして、そこからビジネスが結果的に生まれてきます。はじめは心配でしたが、魅力的な場を多くつくり、うまく運営していくコツを学んできました。そうすると場に参加した皆さんがスパークし合って、結果的にビジネスに結びついていくのです。

よって、大切にしているのはきめ細かい場づくりです。意識的に顧客や知人を集めての「場づくり」をすることにより、ただサービスを売るのではなく、交流を通して顧客やパートナーお一人お一人の性格や嗜好を理解するように努めています。また、何かしら体験を共にすることで顧客が真に求めるものを理解できたり、自分たちが想像していなかった機会を得ることにもつながっています。

●会社をコミュニティとして捉える

徳岡：会社の運営にしても、営業活動にしても、場をつくっていくことが中瀬さんのやり方の中心になっていますね。先ほど言われた「皆が生きがいを持って活躍し、支え合う社会」といった志や、会社をコミュニティとして捉える考え方は、どこから生まれてきたとお考えですか？

中瀬：Ａｖｉｎｔｏｎジャパンを設立したのは私が25歳の時です。新卒で入った大手メーカーを退職して、経営はもちろん、ＩＴのこともわからない中で、勢いでスタートしたのですが、勢いだけではどうにもならないわけです。その時、昔から家で叩き込まれていた「世の中のために役に立たなければならない」ということを強く意識するようになりました。

自分１人では何もできないことを痛感していたので周りの人を巻き込むわけです。そうすると楽しいんです。みんなでやると楽しい、もっと交流したい、他の人から新しいことを学びたい、面白い人に出会いたい……と思ってやっているうちにコミュニティになっていきます。そうすると、そこに参加している人も、もっと学びたい、いろんな人に出会いたいと思っていることに気づきます。参加している人も楽しく、そこに価値を感じてもらえるコミュニティにしていくことで、結果的に喜んでもらえてお客様のためになるということがわかりました。

そういうことをやっているうちに、会社をやっていく自信がついていきました。誰にも負けない価値を提供したいと思ったら、自分１人では無理です。みんなでやる、みんなでシェアすることが不可欠です。

世界的に著名なコーチのセミナーで、その方が「Be resourceful」と言われていたことが非常に心に残っています。「自分は有名だから、自分には資金があるからできる」のではない、「できるようになるために考え、工夫し、できる仕組みを作るからできる」ということです。

私にとっては、会いたいと思う人がいたら会いにいき、自分のネットワークを作っていくことが、「リソースフルになる」ということだと思うのです。

徳岡：きっかけは会社経営のために「何とかしなくちゃいけない」ということでしたが、大きな志を持ってやっていくうちに、周りをつなげ、お互いに期待に応え合っていけるようになり、自分1人では実現できない価値創造のスタイルが生まれていったのですね。それがお客様の満足にもつながり、ビジネスの成長にもつながった。教科書的なゴールありきではなく創発的なプロセスで作り上げてきたマネジメントスタイルなのが面白いですし、自分ができない部分を補う「場」をつくって、それによって「リソースフルになる」、そして皆が喜ぶといった顧客に寄り添う関係構築プロセスを経営の基軸にしているところがユニークです。

特定の目的のためにソリューションを提供するのではなく、みんなが集まってくることで、それぞれがその場で価値を発見していくという意味では、「創発的価値創造」とでもいえるでしょう。中瀬さんは創発デザイナーですね。

中瀬：場で創発が起きるために、私はセレンディピティを大切にしたいと考えています。「思い立ったら行動しろ」とよくいわれますよね。ですから、会いたいと思う人がいたら、直接面識のない人でもアポを取って会いに行きます。さらに、私1人でその人と盛り上がってもそれ以上の広がりは生まれないので、周りの人にも会ってもらえる場を設定するんです。そうすることで、自分では想像もできなかった世界を見られるようになります。みんなで集まることで何か新しいことが生まれるかもしれない、という期待を持っています。

いろいろな場を生み出していくと、それが結果的に人のつながりを生み、ビジネスにもつながってきます。実際の投資先やビジネスパートナーも見つかります。場に集まる人の間でも投資やビジネスのマッチングも起きます。そうやって、場を提供することが人助けにもなって、世の中の役にも立っているのがうれしいのです。営業のためにイベントをするわけではなく、純粋に「この人とこの人をつなげたら面白そう、何か新しい化学反応がありそう」といったことを考えてやっていますので、このアプローチはかなり珍しがられています。

さらに、一流の人を招いて場をつくっていくと、その企画や準備に携わる社員の教育にもなります。ＩＴ業界は人材の流動性が非常に高いわけですが、そうやって社員にいろいろな方に出会ってもらうことで、転職するなら私の知っているところに転職してほしいですし、そういう場を通して私たちのことを知って興味を持ってＡｖｉｎｔｏｎジャパンに来てくれる人もいます。

●ＳＮＳのフォロワーは２万人

徳岡：ところで、場づくりにつながるＳＮＳでの発信やイベントの開催はどの程度の頻度で行われているのですか。

中瀬：ＳＮＳでは、Ｘ、LinkedIn、Facebook、TikTokなど合わせて私個人のアカウントのフォロワーは2万人ほどです。すべてのソーシャルメディアを1日に1回は更新しており、Ｘは1日5〜10件程度投稿しています。また、ブログやnoteでも自分の意見を発信しています。イベントについて、何を目的にどのような構成で開催し、誰にどういう話をしてもらったのか、といったノウハウもブログやnoteで発信するようにしています。相手の宣伝もしたい、相手の役に立ちたいという思いから、一緒に活動してくれた人や、話を聞かせてくれた人についてすべてブログで紹介します。

コミュニティづくりという観点で見ると、Ｘで私を見つけた人が、興味を持ってnoteやブログを読んでくれて、それぞれのＳＮＳでシェアして拡散してくれて、さらにフォロワーになってコメントしてくれたり、公開イベントに参加してくれたりする……という循環で輪が広がっています。まったく知らない人でも、私の発信に興味を持ってくれる人や、私と何か一緒になってやりたい人は、コメントし、イベント告知に反応してくれます。そして、またそれがネットワークの形成にもつながります。

徳岡：ビジネスでは「利益が先か、サービスが先か」ということがよく議論になります。大半の企業は利益を先に置いてしまうわけですが、サービスを優先することでお客様の共感を生んでそれが利益につながっている企業もあります。有名なのは小倉昌男さんが創業したクロネコヤマトの宅急便ですね。中瀬さんの場合は、「場づくりが先、利益はついてくる」ということでしょうか。

中瀬：当社を含めて中小企業やベンチャーの悩みというのは、自分たちが生み出している価値をうまくロジカルに言語化してプレゼンするのが苦手なことです。実績やブランドのある大企業と違って、中小企業やベンチャーはプレゼンと成果物で判断されるわけですが、その中で自分たち独自の価値をうまく訴求できていないと感じます。上流のコンサルティングファームのように価値あるものを価値あるものとして見せるスキルがないんです。社員をそこまで持っていくために社内で教育するのは大変です。私自身も子育てしながら働いていますから、限られた時間の中で社員1人ひとり、クライアント企業1社1社に対応するのは難しいわけです。

ところが、場をつくって高い視座を持った人たちに集まってもらうと、当社のソリューションをその方々の視点を通して語ってもらえるんですね。それがプレゼンにもなるし、また、その場にいる社員も、「こうやってロジカルに話せる」「私のソリューションはこういうふうに言語化できる」と学ぶことができます。ソリューションの本質をうまく伝える方法を学ぶ機会にもなります。

●「つぶつぶ族」になってはいけない

徳岡：中瀬さんは会いたい人にはＳＮＳで直接コンタクトを取るなど、かなりストレートに行動する印象があります。有名人であれば簡単なことかもしれませんが、そうでもない普通の人が場を作って、その渦の中に皆を巻き込むのは腰が引けそうです。とくに日本人はもっと積極的に場づくりをすればいいのに、「つぶつぶ族」になってしまって、1人でがんばってしまう人が多いと思います。30カ国もの多国籍の社員をまとめている中瀬さんは、こういう日本人の「つぶつぶ」な感じをどのように見ておられますか。

中瀬：「つぶつぶ族」にならないためには、興味や好奇心、ハングリー精神があるかないかに尽きると思います。海外に行ってすごい人や最先端のものに触れると、自分の能力が圧倒的に低いことを実感しますよね。ところが日本に帰ってきたらまったく競争がありません。ちょっと英語が喋れたらいくらでも仕事があってお金に困らないですし、終身雇用で年金があって守られています。生き残らなければというハングリー精神がなくなり、世界を意識しないと「つぶつぶ」でもいいやという気持ちになってしまうのではないでしょうか。

私自身はもっと貪欲で、生き残り以上のものを求めています。能力の高いクライアントといっしょに仕事をする機会があると、そのプロジェクトの中で自分の価値を必ず出したいと思います。そういったお客様はまったく見たことのない景色を見せてくれて、ドラマチックなスピード感を持って常に新しいことに挑戦する姿勢を持っています。そういう人たちに巡り合った時に、認めてもらいたい、「お前と一緒にやりたい」と言ってもらいたいのです。クライアントももちろん大切ですが、もしかしたら根底は自分のためかもしれません。私は日本のお客様からも海外のお客様からも、「幸子さん、エネルギッシュですね」とよく言われます。20代のころからグローバルで活躍したいと強く思い、自分の価値は何なのかを常に考えながら行動してきた結果だと思います。

徳岡：「自分のため」といわれましたが、そういうリーダーが周りの人たちに背中を見せて、その行動の一挙手一投足をすごいと思わせることも大切です。自分のためでもあり、それが周りのためにもなります。

中瀬：そういう姿勢を見せるのがリーダーでありイノベーターであると思っています。面白い案件を持ってくるのはＣＥＯとしての私のミッションです。私が面白いと思わないと、クライアントも社員もついてきません。とくにＩＴ業界は人材難ですから、ＣＥＯの私がＳＮＳで目立って、面白いことをしている会社だと思ってもらうことは大切です。会社はコミュニティですから、ただ帰属するのではなく主体的に参加してもらうことが大切だからです。

近いうちにＩＴ人材の４～５割がフリーランスになる時代が来るでしょう。それ自体は悪いことではありませんが、フリーランスでやっているとチームを意識するのが難しくなり、それは大きな仕事をしていく上では障壁になります。属しているコミュニティに貢献できない人が社会に貢献していくのは難しいでしょう。コミュニティに主体的に参加していくことで、誰かのために役に立っていることを実感できるようになります。私はそういう場としての会社をつくりたいのです。

◉シニアな社員がフォローしてくれる

徳岡：場づくりのために中瀬さんがとくに気をつけていることはありますか。Ａｖｉｎｔｏｎジャパンは若い世代の社員が多いと思いますが、異なる世代を巻き込んだ場づくりをどのように工夫されていますか。

中瀬：私はかなり猪突猛進の人間なので、ワンマン的に「やるぞ」といって突っ走ってしまう傾向が強いんです。私のやっていることの価値を理解して、それを若手に解説してくれるコーディネーター的な役割を担ってくれる社員が必要です。シニアな社員がそういう役割をうまく果たしてくれています。

今の若手はこちらから声をかけて「一緒にやろう」と育てていかなければいけない風潮がありますよね。私としてもそうしたいのはやまやまですが、なにぶん時間が限られています。その部分で、私の役割や生み出そうとしている価値を理解してくれて、フォローしてくれるコーディネーター的な人たちを大切にしたいと思います。

徳岡：場づくり力を身につけていくために、何が重要だと思われますか？

中瀬：場づくりの大半は裏方仕事です。その裏方仕事にどれだけの意識と情熱を向けられるかが場づくり力になると思います。「場」というのは、そこでスポットライトを浴びることや、その中心にいる人に目がいきがちです。しかし、その場を素晴らしいと感じてもらうためには、そのような場を意図して設計することが重要なのです。

例えば、細かいことですが、イベントの企画にあたって、私は会場となる美術館でも飲食店でも、その場所に必ず下見に行きます。自分で歩いてまわって、作り出したいユーザー体験を考えて、その場に向けた空気感や雰囲気を自分で設計します。飲食店であればテーブルや椅子のレイアウト、メニューも自分で指示します。飲み会であれば、話の合いそうな人を考えて席順を決めたり、当日は自然に参加者同士の交流が生まれるように立ちまわったりします。参加者が何を求めているのか、この参加者から生まれる価値は何なのか、常にアンテナを張ってずっと動いている感じです。

雑用のように感じられるかもしれませんが、場に集まってくる人のニーズを事前に汲み取り、どうやって人を喜ばせるのか感性やスキルを磨く必要があります。ただ場の設定だけをして、誰かを招いても面白いものは生まれてきません。

徳岡：場のデザインを徹底的にやることで、場の参加者の誰もが楽しくつながり、知の創造に参加できる……。単なるイベントコーディネーションでなく、知識創造の場づくりの匠ですね。

＊＊＊＊＊

「場づくり」というのはアナログの世界ですが、中瀬さんの本業はデジタルの世界。プログラミングやＡＩ、データサイエンスの人材を育てたり、ユニークなソリューションをイノベートしたりするために、アナログの力を使っている。場づくりとデジタルがうまく掛け算されて、世の中の人々をつなぎ、創発的集合知を形成し課題化し、デジタル社会をリードする新しい価値を生み出しているのが面白いと感じます。文理融合の新形態ともいえるでしょう。

しかも裏方の役目を大事にしている。「おもてなしと掛けて裏方と解く。表がない＝裏だから」と言われますが、まさに人の集まる場づくりの極意を実践されています。猪突猛進の反面できめ細やかさにもあふれているわけです。こうしたいろいろな面での二律創生によって、ご自分の会社を単なるソリューションベンダーやイベントメーカーで終わらせるのではなくて、掛け算で幅を広げ、世の中を変えるデジタルソリューションを生み出すイノベーターシップカンパニーに引き上げているのです。ダイナミックな場づくりの意味と極意を感じていただけたでしょうか。

終章

日本の未来を創る

CONCLUSION

1　マネジメント、リーダーシップから
　イノベーターシップへ
2　イノベーターシップを育む企業カルチャーをつくる

1 マネジメント、リーダーシップからイノベーターシップへ

イノベーターシップを私は次のように定義しています。

「イノベーターシップとは、理想とする未来を構想し、それに積極的に関与していく力である。熱い思いとしたたかな実践知によって、しがらみを破り、不条理を乗り越え、現実を転換して、共通善に裏打ちされた自らのビジョンを実現して、イノベーションを起こす力量だ。自らの思いをプロジェクトに込めて、それを構想し確実に前進させ、世界を前へ進める人材が持つ特性だ。単なる管理者でもなければ、現状を変えるだけでもない。次の時代を創造していくことを目指す」

人口減少が進む日本は、まさに社会全体が下りのエスカレーターに乗っているようなものです。総人口が減っていく中で、これからの社会にはさまざまなことが起きます。ここに掲載している図表終-1の年号が入っている10年刻みの四角の枠に自分の年齢を入れると、実際に自分事として近い将来何が起きるのか感じることができるでしょう。社会が下りのエスカレーターに乗っている状況で、マネジメントやリーダーシップだけを発揮しても上に行くことはできません。個々の企業も社員も、何とか落ちていかないように踏ん張っていますが、それだけ

図表 終−1　急速に進む人口減少。その時、あなたは何歳ですか？

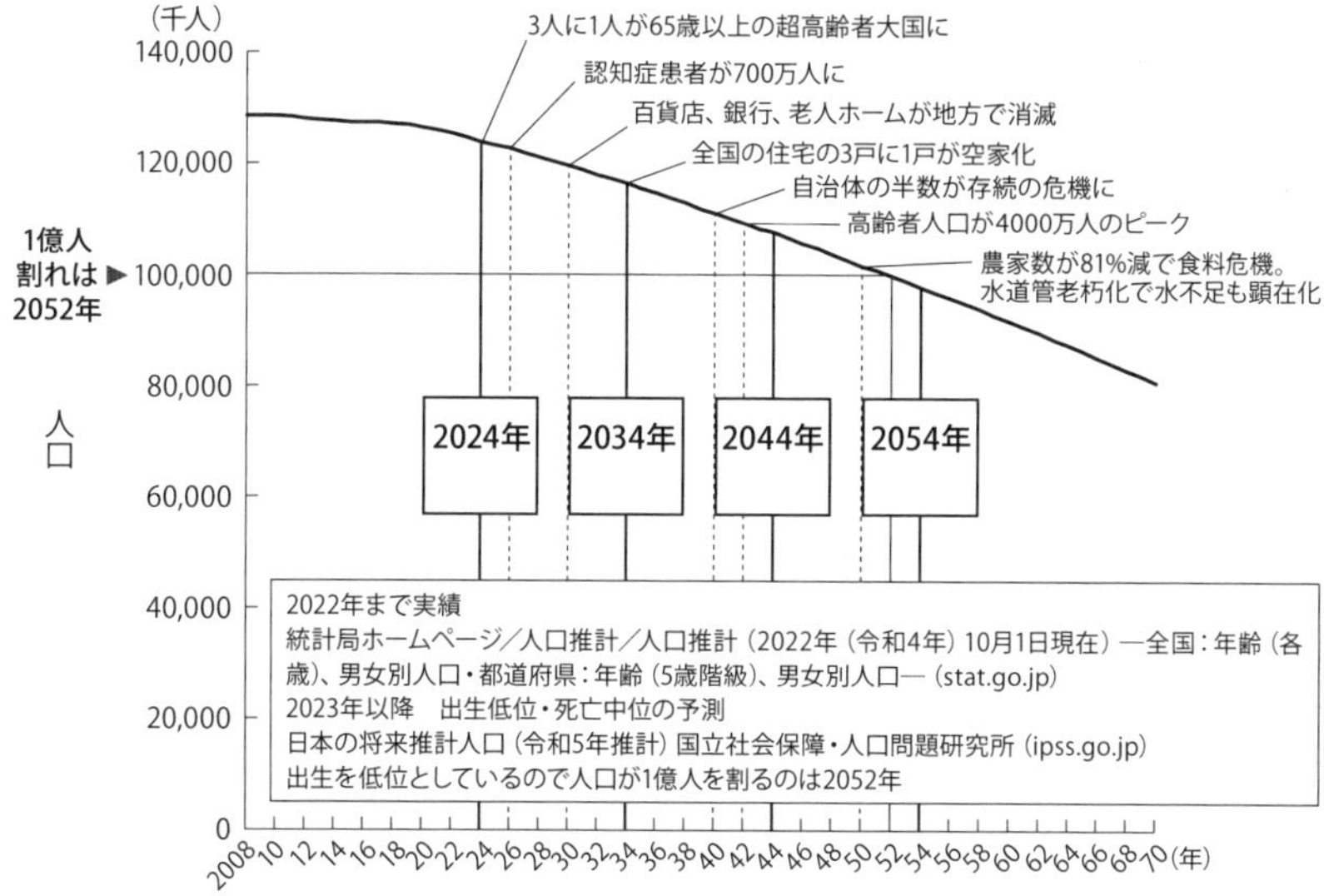

（出所）河合雅司『未来の年表　人口減少日本でこれから起きること』（講談社現代新書）などを参考に筆者作成

では不十分です。

この「下りのエスカレーター」という状況を根本から立て直していくのがイノベーターシップです。イノベーションは今の状況に応じた対策を練ることではありません。先手を打って、新しい日本を作り直そうという気概を持つことであり、もっと大きく全体を捉え、ありたい未来の社会を実現していく力です。

その意味でイノベーターシップ人材は人生を賭ける自分のテーマを探すとともに、広い世界に目を向けて、志のある人とつながりあっていく必要があります。会社の中で真面目にそつなくこなすのではなく、大胆に暴れてください。前提を覆してこそイノベーターです。

◉30年後のありたい姿を考える：ニトリの自己申告制度

「リーダーとは10年先のことの目標と計画を立てて、それをぴたりと一致させる人のこと」というのは、ニトリ会長の似鳥昭雄氏の言葉です。今や家具店の枠には収まりきらない業態に革新を遂げ、世界に展開するまでになっているのは皆さん知ってのとおりです。

似鳥氏は自社が倒産しかけた１９７２年に、最後の力を振り絞って米国視察へ行き、巨大な家具チェーンが部屋をすべてコーディネートする産業に発展していることに衝撃を受けます。そこで「米国は日本よりも50～60年は進んでいる。ならば、日本国民の生活を米国のように豊かなものに変えてやろう」という使命感をいだいたのでした。まさにイノベーターシップ発揮のスタートラインに立った瞬間だったのです。売上とか儲けではなく、世のため人のために働くことを使命に感じたのでした。

現在、同社では、そのような長期目線でのイノベーションへの思いを培うことと、社員のキャリアイノベーションの掛け算を起こすために社員には年に2回、5年後、10年後だけではなく30年後のありたい姿の自己申告を行う制度を導入しています。まさに人生を賭けたイノベーションへの眼差しを持った社員育成であり、イノベーターシップの拡散（Distribution）の努力です。

このような大きな気づきによる革新への道を歩んでいるリーダーは決して少なくありません。スティーブ・ジョブズはイノベーターシップを体現していましたが、日本にも戦後復興を引っ張ったリーダーたちをはじめイノベーターシップ人材は大勢いましたし、今も大勢活躍しています。最近はとくに若いスタートアップの起業家たちが頑張っているのも頼もしいです。

◉イノベーターシップの5つの力：千本倖生氏の生き方

イノベーターシップに必要な5つの力を備えた人物の例として、第二電電（現ＫＤＤＩ）の創業者、千本倖生氏について考えてみたいと思います。通信の独占企業であった日本電信電話（ＮＴＴ）に対抗する形で、京セラの稲森和夫氏らと第二電電を創業、後にブロードバンドに特化したイー・モバイル（現Ｙ！モバイル）を設立しました。現在は80歳を超えているとは思えない活力で、再生可能エネルギーのスタートアップであるレノバの名誉会長を務めています。多摩大学大学院でも特別客員教授を務め、社会人の院生たちに大いに刺激を与えています。ぜひ著書の『千に一つの奇跡をつかめ！』（サンマーク出版）を読んでみてください。

①未来構想力：共通善の追求

40年ほど前、通信業界は国策企業であったＮＴＴが独占していました。長距離電話も国際電話も非常に高額でしたが、ＮＴＴには競合企業がなかったためそのような料金体系がまかり通っていました。そこに疑問を感じたのが千本氏です。後には、同じように「これはおかしい」という感覚を持って、ブロードバンドの会社を立ち上げています。ダイヤルアップが中心だったインターネット接続ではこれからの社会に対応できないと考えて行動を起こしたのです。社会の課題に気づき、どうあるべきなのかを模索し、それに対して自分は何ができるか考え、実行した……まさにイノベーターシップを発揮しています。「こういう社会にしたい、こうあるべきだ」という共通善の感覚がないとできないことです。

②実践知：行動主義

「日本の電話料金はおかしい」と言うだけならだれでも言えます。おかしなことを変えようと行動に移したところにも千本氏のイノベーターシップを見ることができます。稲盛和夫氏に会いに行く、超一流企業だったＮＴＴを辞める、第二電電を創業する、そして第二電電の成功に安住せずに、次の社会課題に気づくやいなや新たにブロードバンド事業に乗り出す……。まさに、リスクを取って挑戦し、その挑戦から得た経験、実践知が次の挑戦につながっています。

③突破力：既存の枠組みをも破壊

ＮＴＴという巨大な企業が競争もなく市場を独占している状況に風穴を開け、通信業界の自由化を推進したという功績そのものが突破力です。誰もが手をつけなかった、つけられなかった牙城に向かっていく心意気、凄みがありました。ＮＴＴからの反発や圧力もあったことでしょう。今とは異なり、終身雇用が当たり前だった時代に会社を去ることも大きなチャレンジです。ベンチャー企業に対する風当たりも今とはまったく比べ物にならないほど強かったでしょう。それでも高い目標に向かってあの手この手で障害を乗り越えていく力を備えていました。

④パイ（π）型ベース：米国の観察

千本氏は米国の大学に留学した経験があります。そこで米国流の価値観に直接触れ、グローバルな観点から日本の状況を見る視点を得ています。同氏が頻繁に語る逸話があります。米国留学中にルームメイトに対して、「日本最大で独占的な通信会社に勤めている」ことを誇らしげに話したところ、称賛されるどころか非常にネガティブな反応（「お前は米国の大学にまで来ていて、単なる大勢順応派なのか！」という反応）が返ってきた、というものです。まったく異なる価値観に触れショックを受ける、強烈なアウェイ体験です。同じ世界に浸っているだけでは突破力のエネルギーは生まれてきません。広く世界を知ることが変革力を起動する危機感になり原動力につながっています。

⑤場づくり力：出会いを追求

留学時代のルームメイトしかり、第二電電を共同で創業した稲盛和夫氏やソニーの盛田昭夫氏しかり、千本氏の周りにはイノベーションのきっかけを作り、イノベーションを後押ししてくれる仲間がたくさん集まっていました。さらにさかのぼると、大学時代に過ごした京都の学生寮では、他の学生たちと毎晩のように人生論を交わしたということです。自ら場に飛び込んでいく素養や、変革を志す仲間の場を作っていく力が備わっていたことがわかります。

千本氏の特徴は何でしょうか。壮絶な人生ですが、それを楽しんでいます。大義を感じて、「このままではいけない」と強く思い、自分にできる解決策を模索しています。米国での経験から大きな影響を受け、通信の自由化が周回遅れだった日本に危機感を覚えて、行動に移しました。そして電話からインターネット、通信業界からエネルギー業界と、まったく違う世界にも臆せず飛び込み、その体験から学び続けています。

世界をよく見て未来を構想し、問題を肌で感じながら勉強を重ねる……こういう人こそが世の中を変えていきます。**ぜひ皆さんも5つの力を身につけ、身の回りの「なぜ、こうなの？」という疑問を問題意識に昇華し考え抜き、「自分の人生の変革プロジェクト」のテーマを見つけてください。**

本書巻末に、「イノベーターシップの要諦：チェックリスト」を入れています。これを使って自分の現在地をまず把握し、イノベーターシップの5つの力を高めていくために、本書で紹介した実践メニューをこなしていってください。

2 イノベーターシップを育む企業カルチャーをつくる

個人としてイノベーターシップを身につけるとともに、イノベーターシップを備えた人が育つ企業カルチャー、さらにはその企業カルチャーを作っていく人材も必要になります。企業にはイノベーターシップを語り合い、育てる管理職が必要です。短期主義・形式主義・結果主義に萎縮しない度量がある骨太な管理職、とでもいえるでしょう。

まずは、読者のあなたが管理職であれば、**ビジョンを軸に目標を設定してください**。通常の目標管理では、上位目標を設定してそのブレークダウンとなる下位目標を設定する手法が一般的です。このように上位目標からおりてきたものをベースに細分化するのではなく、何を目指すのか自分の業務上のビジョンやそれを引き出すキャリアビジョンをまず明確にすることが重要です。目標は自分のビジョンと上位目標とをすり合わせながら設定すべきものです。視野を高く持つことが可能になります。

長期的なイノベーションの追求を目標管理項目にも入れてください。会社組織の中では目の前のやるべきことをやるのは当然ですが、同時にもっと先の将来を見据える必要もあるのです。企業である以上は単年度会計に即して人事も単年度評価にならざるを得ない面はあります。し

図表 終-2　将来像から考える

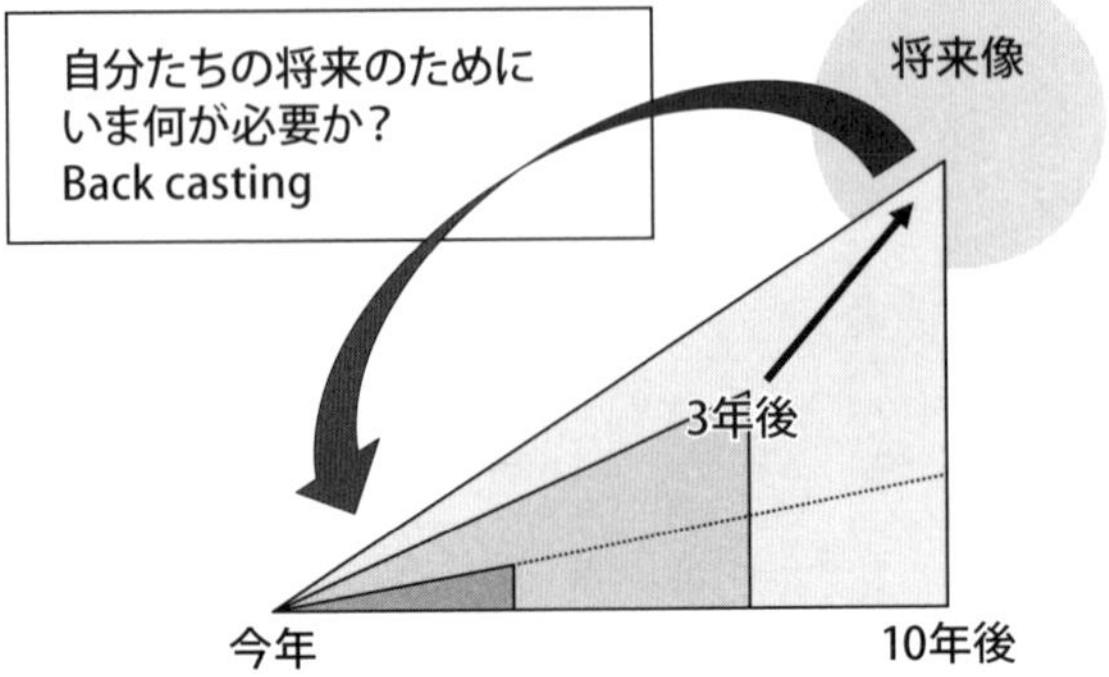

かし、その中でも長期志向を育てるためには、目標として5年後、10年後に向けて達成すべき中長期の目標をバックキャストした視線でビルトインすることは可能です。今までそれができていないのは、自分自身に中長期のキャリアビジョンがないからではないでしょうか。

図表終-2は目標設定にあたっての視線の向け方を表しています。単年度目標だけに注目してしまうと1年で達成できそうな現実的な低めの目標を設定しがちです。そうではなく10年後といった将来のあるべき姿を描き出し、そこからバックキャストすることで、おのずと高い目標が生まれてくるはずです。その中で、1年ごとのマイルストーンを設定すると、長期志向の目標設定の中に単年度評価の仕組みをうまく取り入れることができるでしょう。このような目標管理は、結局は上司の力量次第とも言えます。「小さい上司」と言われないように、まずは「思いのマネジメント」（MBB）を通して成果主義による弊害を是正してください。

イノベーターシップを育む企業カルチャーを作るため

には管理職の昇進基準も重要です。パフォーマンスだけで昇進を判断していませんか。短期的成果だけで昇進させた人は、社内ルールを守ることが仕事と思い、コンプライアンスや労務管理、マネジメントの視点しかしない管理職になりかねません。会社を真の意味で発展させていくためには管理職こそイノベーターシップを発揮し、会社を変え、ロールモデルとして部下を育てる責任があります。イノベーターシップを備えた人を管理職に引き上げていくためには、次のような観点で昇進基準を見直すことが必要でしょう。

①短期の業績の達成スキルだけではなく、3～5年先のビジョンを持ってアクションを起こしているか
②社外での活動を含む多様な経験や研鑽を積み、その知恵に裏付けられた独自の発想で、既存のやり方からはみ出してでも状況に合わせた柔軟な判断・行動をしているか
③困難な状況でもあの手この手で解決したスケールの大きな達成、改革、修羅場経験があるか
④パイ（π）型ベースがすでにあり、さらに先を行こうとする向上心が高いか
⑤人間味があり周りに人が集まるか

イノベーター人材にとっては社内外のさまざまな出会いや刺激がエネルギー源となります。そのためには一つの場所で安住せず、転職や社内でのキャリアチェンジというダイナミズムを積極的に発揮すべきでしょう。人生１００年・80歳現役の時代は、20代から30代のファースト

キャリア、40代から50代のセカンドキャリア、60代以降のサードキャリアの「人生三毛作」の時代です。このライフシフトを視野に入れると、転職や社内のポスティング制度などで弾みを付けることの意味がわかります。終身雇用に安住せず早くから、長期的な目線で自分の人生をどのように作っていくのか、キャリア戦略についてもっと敏感になっていく必要があるでしょう。

人生のイノベーションには、第2章で解説したＳＥＣＩキャリアモデルを自分のキャリアになるべく早期に実装して、高速回転させることがカギになります。

◉ライフイノベーションの基礎体力となる「変身資産」

人生１００年時代、長い人生の中で何が起きるか誰もわかりません。何が起きても大丈夫なようにキャリアの復元力である「キャリアレジリエンス」を身につけることが重要になります。その意味で、**自分の人生においてもイノベーターシップを発揮し、人生を変革し続けていく「ライフイノベーション」が重要な時代になっているのです。**長期目線の目標を定め、それに向かいつつも状況に合わせて目標を見直して、また進みます。変化に適応しながらも人生のイノベーションを続けていくための基礎体力となるのが「変身資産」として私が定式化しているものです。

変身資産は、マインド（変化に対して前向きでいる精神力）、知恵（変化を読んで活用する実践知）、仲間（変化の中でも助け合って知を生み出す友）、評判（変化の中で埋没しない信頼

図表 終-3　80歳まで現役力を保つための変身資産

01	**マインド** 変化に対して前向きでいる精神力	●ポジティブマインドセット ●未来への思い ●チャレンジ精神
02	**知恵** 変化を読んで活用する実践知	●知識・スキル ●経験の幅 ●教養
03	**仲間** 変化の中で助け合って知を生み出す友	●親しい友人 ●ビジネスネットワーク ●ソーシャルネットワーク
04	**評判** 変化の中で埋没しない信頼とアピール力	●発信力 ●共感力 ●独自コンテンツ
05	**健康** 変化を乗り切る基礎体力	●運動 ●食事・睡眠 ●こころ

とアピール力）、健康（変化を乗り切る基礎体力）という5つの資産で構成されます（図表終-3）。

マインド

変化や困難に対して尻込みせず前向きでいる精神力です。社会情勢が不安定で将来を予測しづらい世の中においては、シュリンクする思考ではなく、成長をイメージする成長マインドセット（Growth mindset）が必要です。何が起きてもへこたれないチャレンジ精神、未来への思いといった前向きな思考を育む必要があります。

知恵

変化に対応したり、その先を読んで活用するために必要な知的基盤です。スキルや経験、教養を身につけること。組織に担がれるだけの存在ではだめです。自ら発揮できるアップデートされた専門知識やスキルと、もっと広い意味での国内外での経験や転職などを通じたキャリアの幅、世界を俯瞰し自分なりのチャレンジを見つける教養も大事になります。

仲間

変化の中で孤独にならずに助け合って知を生み出す人脈を広く持つこと。キャリアについて腹を割って相談できる親友・心友、ビジネス上の人脈、趣味や地域、学び合いの場でのつながりなどの社会的な人脈が変化の時代を生き抜くための重要な資産になります。

評判

変化の中で自分の存在をアピールし、埋没せず頼られる信頼と存在感は組織に頼らずライフシフトを推進していくのにとても大切です。自分の存在をPRし発信できる力がなければ埋もれていってしまいます。自己中心でも頼ってはもらえませんから相手の立場になって考える共感力も同時に重要です。さらに付加価値を高めた自分だけの独自コンテンツがバイネームで声がかかるカギになります。

健康

変化を乗り切って長期に活躍するための基礎体力です。運動と食事、睡眠に気を使い、心身の健康を維持してください。

変身資産に裏打ちされたレジリエンスを持って**人生のイノベーションに挑戦することが、未**

来を切り拓く息の長いイノベーティブライフにつながります。そういう意識がある人こそ、みずから知識創造者としての「人生を生き切る」ことができます。そして会社の中でもイノベーションに向き合い、起こすことができます。そもそも自分を変えられない人に会社や周囲、ひいては世界を変えることはできません。

変身資産のチェックリストを拙著『40代からのライフシフト　実践ハンドブック』（東洋経済新報社）の巻末に掲載していますのでぜひ参照して、自分の変身資産の現状を確認し、ライフシフトプランを立ててください。

◉グッド・アンセスター（良き祖先）になろう

自分を変え、そして未来を変える、未来のために大きなイノベーションを起こす、そんな気概こそイノベーターシップのベースです。今の自分の問題意識を大切にし、もっと素晴らしい世の中にしたい、未来を良くしたいという思いや世の中を変えようという志は誰にも備わっているはずです。ですがそうした思いを言語化し、明確に意識し行動するのがイノベーターシップ人材なのです。アントニ・ガウディがサグラダ・ファミリアを建て始めたのは１８８３年です。いまだに完成していませんが、壮大な夢とビジョンが受け継がれ、やがて偉大な聖堂が出現する日が来ます。今の短期志向で右往左往している時代には、これぐらい長大な時間軸で物事を考えることがなくなっています。

日々のモデルチェンジや改善も大切ですが、世界を引っ張るこれからの日本のリーダーには、長期的な視点でイノベーターシップを発揮してもらいたいと考えています。自社での目標設定をもう一段大きくしましょう。ゆくゆくの起業に踏み切る準備をしましょう。転職や部門間異動で土台を広げましょう。未来から見て「すごい！」と評価される偉業は、今この瞬間に始まらないといつまでも始まりません。その偉業の仕掛け人になりましょう。

グッド・アンセスター（良き祖先）という視点をご存知でしょうか。イギリスの文化思想家、ローマン・クルツナリックが長期思考の大切さを説く際に使っている概念です。そこでは、株主（シェアホルダー）を重視しすぎている現代の風潮に批判的な目を向け、社会全体のシェアホルダーの中に未来の世代である「フューチャーホルダー」を含めていくべきだ、と説いています。まさにそのとおりです。

イノベーターシップは「四方よし」（自分よし、顧客よし、世間よし、未来よし）です。未来のために今なすべきこと、してはいけないことを判断して行動する知性と行動力が求められます。人間はどうしても短期志向になりがちで、頭の中の8割は今日か明日の問題に集中しているといわれます。大きなことは短期では達成できませんし、少しの時間しか割り当てられなければスケールの大きなことは構想できません。未来を見つめる視点を常に意識的に維持し、握りしめているスマホを置き、未来に向き合う必要があるでしょう。

ローマン・クルツナリックの「グッド・アンセスター」を敷衍すると、この人生１００年時代、世代間の知の受け渡しということに思いを致さずにはいられません。社会の営みは連続性の中で起きています。そして、人の知もつながっています。多くの人は自分の両親や祖父母を直接知っており、そこから学んでいます。祖父母もその両親から学んでいます。私たちはこうして三世代分の学びを受け継いでいます。同時に、自分の子や孫、そしてひ孫に対しても自分の学びを伝えます。自分を中心に考えると7世代分の知が連鎖していることになります。寿命が長くなっていますから、知が重なる部分も増え、この知の連鎖も太くなっていくでしょう。

こういった中で、皆さんは伝えていける知を持っていますか。将来の世代に「おじいちゃん・おばあちゃんのおかげで……」と喜んでもらえる何かを残していますか。

人生100年時代、自分が100年生きるということは、100年後まで次代の人たちに影響を与え続ける存在として生まれたということになります。100年後もウェルカムと言ってもらえる存在になれるかどうかを問われる時代ということです。将来の世代に価値を残していけるでしょうか。そんな意識を持って知識創造者として自分の人生を生き切ることがフューチャーホルダーへの貢献になるはずです。今40歳の方は60年先まで、50歳の方は50年先まで、より良い社会をつないでいく使命と責任があります。将来の世代から見て良き祖先であるために、今こそ、ご自身そして生かされている社会のためにイノベーターシップを発揮し続けようではありませんか！

付録

最後にイノベーターシップの要諦として、本文中の各章で解説したポイントをまとめておきます。読者の皆さんのイノベーターシップ習得のためのチェックリストとして活用してください。

イノベーターシップの要諦：チェックリスト

1．未来構想力

①未来の社会を見据えた自分の目的・夢・信念

□自身の仕事や組織を通じて、社会にどういうインパクトを与えたいのか、明確な志を持っているか？

□目標設定に当たって、顧客満足のためだけではなく、社会の共通善を意識しているか？

□5～10年後に確実に起きてくるだろう世界の変化を明確に意識して、仕事のビジョンを描いているか？

②共通善に根差したビジネスモデルイノベーションの構想

□自分の業務のビジネスモデルは、ＳＤＧｓの推進に積極的にかかわっているか？

□今以上に世の中に貢献する（または負荷を減らす）ビジネスモデルにするために、現行のビジネスモデルのどこをどう変えればよいか、イメージを持っているか？

□デジタルトランスフォーメーションを取り入れると、どのように自分のビジネスモデルを革新できるか、思いを巡らせ、構想しているか？

③自分らしいオーセンティックな生き方

□自分の仕事で目指している未来は、自分の人生の夢と重なっているか？

□自分の未来の構想を周囲に語って、一緒に歩んでくれる仲間は10人以上いるか？

□自分の仕事や生き方の信念（Belief）が生まれてきた自分の歴史・経験を豊かに語れるか？

2. 実践知

①事象の文脈を読み適時適切な判断を下す判断力

□ルールや慣習にとらわれずに、自分の価値観で最善の判断をしようとしているか？

□目の前の事象にとらわれずに、多くのステークホルダーを考慮したり、長い目での基準を持って、何が良いことかを見極めて判断しているか？
□判断力を磨くために、毎晩、今日の判断の振り返りを行って改善につなげているか？

②考えてばかりいず、あるいは自分の殻や持ち場・立場にかかわらずにまず動く行動力
□自分を楽にしようとして行動範囲を限定していないか？
□保身で言うべきことを言わずにすませていないか？
□忙しさを理由に真に重要なことを避けていないか？

③自分の経験を内省し、的確なキーワードで共感を呼び起こすコンセプト力
□自分の経験を内省し、そこでの学び、自分のとった行動や判断の基準が何だったかを振り返り、その背景や考え方を整理しているか？
□その基準や価値観をコンセプト化し、自分の行動基準を確立しているか？
□多くの本を読んだり、映画などを観てキーワード力、言葉の力を磨いているか？

3. 突破力

①しがらみに挑む自分の立ち位置を明確にする洞察力と決断力
□変化を阻む社会的なしがらみを察知できる洞察力があるか？
□変化を阻む組織内のしがらみ、組織内のおかしな常識を察知できる洞察力があるか？

□周囲のしがらみに対処するための断固とした立ち位置を決め、実践してきたか？

②大きな目的を見失わず、現実を直視しながら逃げずに粘り抜く度量

□障害があっても、あきらめずに別の方策を考えてあの手この手で対処しているか？

□問題を一人で悩んだり抱えこまずに相談できる仲間がいるか？

□大局観を持って仮説を設定し、現実に流されずに問題に切り込んでいるか？

③人の話を聞いて自説にこだわらずに仲間に引き入れる柔軟性

□自分から話すだけではなく、人の話を聞くことを意識しているか？

□人から学ぼうと、いろいろな人から積極的にアイデアを求めているか？

□人からの指摘で、自分の考えを修正するのに躊躇していないか？

4．パイ（π）型ベース

①複数の分野での一流の専門力

□グローバルに一流の専門性を持っているか？

□複数の専門分野を持っていて、他者に専門的見地を語れるか？

□異なる複数の知を駆使し、その交差点で何かを生み出そうと試してきたか？

②目的形成につなげる広い教養

□自分の得意分野だと自負できる教養の分野はなにかあるか？

□自分の業務や会社は、これからの時代の流れの中で、どのように世界にもっと貢献すべきか語れるか？（社会的視点、自然環境的視点、グローバル視点など）

□自分の業務や会社は、これからの時代の流れの中で、どこを是正していくべきか語れるか？（社会的視点、自然環境的視点、グローバル視点など）

③知のベースとなる情報収集力

□新聞を毎日、読んでいるか？／とくにオピニオンなどの解説記事を読んで自分の意見を考えているか？

□自分なりの問題意識のリストをつくって、見聞きするニュースなどを当てはめているか？

□日常に起きた出来事や、見聞きしたニュースをベースにセルフコーチング（自分なりに解読しメモを作ること）を行っているか？

5．場づくり力

①つながり力

□話題が豊富で自分の周りに人が集まるか？

□自信を持って発信できる強い思いを持って仕事をしているか？

□相手のために役に立ちたいと心から思って対応しているか？（付き合いでしかたなくや、利益になるかならないかで対応していないか？）

②共感力

□相手の話・真意をじっくり聞き、尊敬の念（Respect）を持って反応しているか？（忙しくて聞き流していることはないか？）
□自分の思いを丁寧に語りつつも、相手の気持ちに寄り添うよう努力しているか？
□仲間から、思いを聞き出そうと努力し、そのための時間をつくっているか？

③コミュニケーション力

□キーワードやストーリーなどを使ってメッセージ性の高い発信ができるか？
□場を和ませ、対話を促進するような投げかけや雰囲気づくりができるか？
□本筋を見極めたり、アイデアを広げるために、よく質問をするか？（単なる情報集めではない）

参考文献

板坂元『日本人の論理構造』講談社現代新書、1971年
一條和生、徳岡晃一郎『シャドーワーク：知識創造を促す組織戦略』東洋経済新報社、2007年
一條和生、徳岡晃一郎、野中郁次郎『MBB：「思い」のマネジメント　知識創造経営の実践フレームワーク』東洋経済新報社、2010年
井上達彦、鄭雅方『世界最速ビジネスモデル　中国スタートアップ図鑑』日経BP、2021年
岩井秀一郎『多田駿伝：「日中和平」を模索し続けた陸軍大将の無念』小学館、2017年
ヴァン・バヴェル、ジェイ／ドミニク・J・パッカー『私たちは同調する「自分らしさ」と集団は、いかに影響し合うのか』（渡邊真里訳）すばる舎、2023年
ウィアー、アンディ『プロジェクト・ヘイル・メアリー（上・下）』（小野田和子訳）、早川書房、2021年
ガースナー、ルイス『巨象も踊る』（山岡洋一、高遠裕子訳）、日経BPマーケティング、2002年

片山修『技術屋の王国』東洋経済新報社、２０１７年
河合雅司『未来の年表　人口減少日本でこれから起きること』講談社現代新書、２０１７年
河合雅司『未来の年表２　人口減少日本であなたに起きること』講談社現代新書、２０１８年
木村雄治、徳岡晃一郎『しがらみ経営　価値を生み出すマネジメント』日本経済新聞出版、２０１７年
北岡伸一、野中郁次郎『知徳国家のリーダーシップ』日本経済新聞出版、２０２１年
クーゼス、ジェームズ・Ｍ／バリー・Ｚ・ポズナー『リーダーシップ・チャレンジ』（関美和訳）、海と月社、２０１４年
グラットン、リンダ／アンドリュー・スコット『ＬＩＦＥ ＳＨＩＦＴ（ライフ・シフト）１００年時代の人生戦略』（池村千秋訳）、東洋経済新報社、２０１６年
國分功一郎『目的への抵抗』新潮新書、２０２３年
國分俊史『経営戦略と経済安保リスク』日本経済新聞出版、２０２１年
コリンズ、ジム／ビル・ラジアー『ビジョナリー・カンパニーＺＥＲＯ　ゼロから事業を生み出し、偉大で永続的な企業になる』（土方奈美訳）、日経ＢＰ、２０２１年
紺野登、野中郁次郎『構想力の方法論』日経ＢＰ、２０１８年
サイド、マシュー『失敗の科学』（有枝春訳）、ディスカヴァー・トゥエンティワン、２０１６年
サイド、マシュー『多様性の科学』ディスカヴァー・トゥエンティワン、２０２１年

桜井博志『逆境経営　山奥の地酒「獺祭」を世界に届ける逆転発想法』ダイヤモンド社、２０１４年
佐々木毅『学ぶとはどういうことか』講談社、２０１２年
ジェイコブズ、ジェイン『市場の倫理・統治の倫理』（香西泰訳）、ちくま学芸文庫、２０１６年
シュルツ、ハワード／ジョアンヌ・ゴードン『スターバックス再生物語　つながりを育む経営』（月沢李歌子訳）、徳間書店、２０１１年
シュルツ、ハワード／ドリー・ジョーンズ・ヤング『スターバックス成功物語』（小幡照雄、大川修二訳）、日経ＢＰ、１９９８年
シュワルツ、バリー／ケネス・シャープ『知恵：清掃員ルークは、なぜ同じ部屋を二度も掃除したのか』（小佐田愛子訳）、アルファポリス、２０１１年
千本倖生『千に一つの奇跡をつかめ！』サンマーク出版、２０２３年
ダイソン、ジェームズ『インベンション　僕は未来を創意する』（川上純子訳）、日本経済新聞出版、２０２２年
高橋宏知『生命知能と人工知能　ＡＩ時代の脳の使い方・育て方』講談社、２０２２年
田坂広志『知性を磨く　「スーパージェネラリスト」の時代』光文社新書、２０１４年
谷敏行『Amazon Mechanism（アマゾン・メカニズム）イノベーション量産の方程式』日経ＢＰ、２０２１年

ディアマンディス、ピーター／スティーブン・コトラー『２０３０年：すべてが「加速」する世界に備えよ』（土方奈美訳、山本康正解説）、NewsPicksパブリッシング、２０２０年
テグマーク、マックス『ＬＩＦＥ３・０　人工知能時代に人間であるということ』（水谷淳訳）、紀伊國屋書店、２０２０年
徳岡晃一郎『未来を構想し、現実を変えていく　イノベーターシップ』東洋経済新報社、２０１６年
徳岡晃一郎『40代からのライフシフト　実践ハンドブック』東洋経済新報社、２０１９年
徳岡晃一郎、佐々木弘明、土屋裕介『なぜ、学ぶ習慣のある人は強いのか？　未来を広げるライフシフト実践術』日本経済新聞出版、２０２１年
徳岡晃一郎、房広治『リスキリング超入門　ＤＸより重要なビジネスパーソンの「戦略的学び直し」』ＫＡＤＯＫＡＷＡ、２０２３年
徳岡晃一郎、舞田竜宣『ＭＢＢ：「思い」のマネジメント　実践ハンドブック』東洋経済新報社、２０１３年
中島さおり『哲学する子どもたち　バカロレアの国フランスの教育事情』河出書房新社、２０１６年
永島俊晶『最強の戦略ツール　ビジネスモデル・キャンバス』ビジネス教育出版社、２０２３年
ナデラ、サティア『Hit Refresh（ヒット・リフレッシュ）マイクロソフト再興とテクノロジー

の未来』（山田美明・江戸伸禎訳、グレッグ・ショー、ジル・トレイシー・ニコルズ、ビル・ゲイツ序文）、日経BP、2017年
野中郁次郎『日本の企業家7　本田宗一郎　夢を追い続けた知的バーバリアン』PHP経営叢書、2017年
野中郁次郎、荻野進介『史上最大の決断「ノルマンディー上陸作戦」を成功に導いた賢慮のリーダーシップ』ダイヤモンド社、2014年
野中郁次郎、竹内弘高『ワイズカンパニー：知識創造から知識実践への新しいモデル』（黒輪篤嗣訳）、東洋経済新報社、2020年
野中郁次郎、山口一郎『直観の経営「共感の哲学」で読み解く動態経営論』KADOKAWA、2019年
野中郁次郎、川田英樹、川田弓子『野性の経営　極限のリーダーシップが未来を変える』KADOKAWA、2022年
野中郁次郎、徳岡晃一郎編著『ビジネスモデル・イノベーション　知を価値に転換する賢慮の戦略論』東洋経済新報社、2012年
長谷川智『宗一郎と喜一郎　ホンダとトヨタとニッポンの物語』羽衣出版、2022年
長谷川智『自分で考え、発言する力を養う　ソーシャル・シンキング』PHPエディターズ・グループ、2024年
ハラリ、ユヴァル・ノア／『21 Lessons：21世紀の人類のための21の思考』（柴田裕之訳）、河

出書房新社、2019年
藤井敏彦『競争戦略としてのグローバルルール』東洋経済新報社、2012年
ベニオフ、マーク／モニカ・ラングレー『トレイルブレイザー：企業が本気で社会を変える10の思考』（渡部典子訳）、東洋経済新報社、2020年
ホロウィッツ、ベン『WHO YOU ARE（フーユーアー）君の真の言葉と行動こそが困難を生き抜くチームをつくる』（浅枝大志・関美和訳、ヘンリー・ルイス・ゲイツ・ジュニア序文、辻庸介日本語版序文）、日経BP、2020年
マルケ、L・デビッド／『リーダーズ・ランゲージ　言葉遣いこそ最強の武器』（花塚恵訳）、東洋経済新報社、2021年
メイ、ロバート／アラン・エイカーソン『リーダーシップ・コミュニケーション』（徳岡晃一郎訳）、ダイヤモンド社、2005年
茂木健一郎『IKIGAI：日本人だけの長く幸せな人生を送る秘訣』（恩蔵絢子訳）、新潮社、2018年
森本あんり『反知性主義　アメリカが生んだ「熱病」の正体』新潮社、2015年
森本あんり『不寛容論　アメリカが生んだ「共存」の哲学』新潮社、2020年
矢萩邦彦『子どもが「学びたくなる」育て方　「話す・探す・やってみる」で生きる力を伸ばす』ダイヤモンド社、2022年
山岸俊男『日本の「安心」はなぜ、消えたのか　社会心理学から見た現代日本の問題点』集英

社インターナショナル、２００８年
山本昌作『ディズニー、ＮＡＳＡが認めた　遊ぶ鉄工所』ダイヤモンド社、２０１８年
山本康正『情報の選球眼　真実の収集・分析・発信』幻冬舎新書、２０２１年
吉田満梨、中村龍太『エフェクチュエーション　優れた起業家が実践する「５つの法則」』ダイヤモンド社、２０２３年
リドレー、マット『人類とイノベーション：世界は「自由」と「失敗」で進化する』（大田直子訳）、NewsPicksパブリッシング、２０２１年
劉慈欣『三体』（立原透耶監修、大森望、光吉さくら、ワン・チャイ訳）、早川書房、２０１９年
龍崎翔子『クリエイティブジャンプ　世界を３ミリ面白くする仕事術』文藝春秋、２０２４年
Cameron, Kim『Positive Leadership Strategies for Extraordinary Performance』Berrett-Koehler Publishers, 2012.
Krznaric, Roman『The Good Ancestor: How to Think Long Term in a Short-Term World』W H Allen, 2021.

【著者紹介】
徳岡晃一郎（とくおか　こういちろう）
株式会社ライフシフト ファウンダー／CEO
多摩大学大学院 名誉教授

1957年生まれ。東京大学教養学部卒業。オックスフォード大学経営学修士。日産自動車人事部、欧州日産を経て、1999年よりフライシュマン・ヒラード・ジャパンにてパートナー。人事、コミュニケーション、レピュテーション・マネジメントなどに関するコンサルティング、研修に従事。2006年より多摩大学大学院教授を兼務。2014年多摩大学大学院研究科長。2017年株式会社ライフシフト設立、CEOに就任。「イノベーターシップ」および人生100年時代の「ライフシフト」を啓蒙・支援する研修、人事コンサルティング、風土づくりなどを行っている。2019年ライフシフト大学を開校。『シャドーワーク』『MBB：「思い」のマネジメント』（いずれも共著、東洋経済新報社）、『未来を構想し、現実を変えていくイノベーターシップ』『40代からのライフシフト 実践ハンドブック』（いずれも東洋経済新報社）、『リスキリング超入門 DXより重要なビジネスパーソンの「戦略的学び直し」』（共著、KADOKAWA）など著書多数。

＊本書で紹介しているワークシートのいくつかを無償で提供しています。
ご希望の方は、右のQRコードからお申し込みください。

イノベーターシップ
自分の限界を突破し、未来を拓く5つの力

2024年10月22日発行

著　者——徳岡晃一郎
発行者——田北浩章
発行所——東洋経済新報社
〒103-8345　東京都中央区日本橋本石町 1-2-1
電話＝東洋経済コールセンター　03(6386)1040
https://toyokeizai.net/

装　丁……………………竹内雄二
本文レイアウト・DTP……アイランドコレクション
印　刷……………………TOPPANクロレ
編集担当…………………藤安美奈子
　ISBN 978-4-492-52241-7